아들러에게
배 우 는
**대화의
심리학**

ADLER NI MANBU SHOKUBA
COMMUNICATION NO SHINRIGAKU
written by Hiroshi Ogura

Copyright ⓒ 2015 by Hiroshi Ogura
All rights reserved.
Originally published in Japan by Nikkei Business Publications, Inc.

이 책의 한국어판 저작권은 일본의 Nikkei Business Publications, Inc.와의
독점 계약으로 황금지식 출판사가 소유합니다. 신 저작권법에 의해 한국 내에서
보호를 받는 저작물이므로 무단전재와 무단복제를 금합니다.

인간관계와
업무 성과를 높여 주는
심리학 안내서

아들러에게 배우는 대화의 심리학

오구라 히로시 지음 | 홍성민 옮김

도서출판

머리말 Preface

'말할 수 없다'를 '말했다'로, '그냥 넘어갔다'를 '말하길 잘했다'로

내 주변에는 품성 좋은 친구와 지인이 여럿 있다. 그들은 하나같이 자기 자신을 돌아보며 자기가 한 말에 대해 반성한다는 공통점을 지니고 있다.

"말을 꺼내기 힘들어. 말해야 하는데 미안해서 못하겠어."

"그런 식으로 말하지 말았어야 했는데……."

이렇게 자책하는 것이다.

나도 예전에는 그들처럼 내가 한 말에 대해 반성하는 사람 중 하나였다.

다른 사람에게 하고 싶은 말이 있어도 조심스러워서 못한다. 그래서 그 사람과 거리를 유지하게 된다. 다른 사람의 말에 휘둘려서 복종하거나 가능한 한 말을 섞지 않도록 회피한다.

또 이와는 정반대의 행동을 취하는 경우도 많다. 참다못해 대놓고 자신의 생각이나 감정을 퍼붓는다. 내 생각을 강요하고 공연히 간섭한 다음 '그런 말 하지 말 걸' 하고 반성하면서 낙담한다.

최근 주목을 끄는 아들러 심리학은 '대인관계 심리학'이라고도 불린다. 나는 아들러 심리학을 통해 커뮤니케이션에 필요한 적당한 거리감을 배웠다. 하지만 사고방식이 단순한 만큼, 논리는 알겠는데 실제로 어떻게 활용해야 좋을지 의문을 갖는 사람이 많고, 그래서 '이상론에 불과하다, 직장에서는 활용할 수 없다'고 결론지어 애써 배운 것들이 기억의 창고에 묻혀 버리는 경우가 적지 않다.

그러나 나는 이상론이라고 생각하지 않는다. 언뜻 그렇게 보일 수 있지만, 아들러 심리학에는 직장 커뮤니케이션에 관한 중요한 힌트가 숨어 있다.

바로 그것이 이 책을 쓰게 된 이유다. 예전에 내가 의사소통 문제로 잠 못 드는 시간을 보냈듯이 나와 같은 고민을 가진 사람들에게 도움이 되고 싶다.

차례

머리말 ··· 4
프롤로그 ·· 10

Chapter 1
적당한 거리감을 실현하는
일곱 가지 사고 개혁

1. 피하지 않는다, 걱정하지 않는다, 간섭하지 않는다 ········ 26
2. 승패를 의식하는 종적인 관계를 버린다 ·················· 31
3. 행위와 사람을 혼동하지 않는다 ·························· 38
4. 심판하지 않는다, 벌주지 않는다 ························· 43
5. 감정으로써 다른 사람을 움직이지 않는다 ··············· 48
6. 자신의 실패를 두려워하지 않고,
   타인의 실패를 질책하지 않는다 ························· 53
7. 흡혈귀가 아닌 헌혈인이 되자 ····························· 59

Chapter 2

상호 존경, 상호 신뢰를
쌓는 기술

1. 말하기 3, 듣기 7, 듣고 나서 말한다 ········· 72
2. 의견과 질문을 삼가고 듣기에 집중한다 ········· 78
3. 일부러 막연하게 질문한다 ········· 84
4. 상대의 기분을 완전히 이해할 수는 없다 ········· 90
5. "좋아요!" 하고 윙크를 보낸다 ········· 96
6. 상대의 글러브를 향해 던진다 ········· 102

Chapter 3
강요와 간섭을 하지 않고
전달하는 기술

1. 쿠션 화법으로 거리를 둔다 …………………………… 116
2. 말참견은 약하게, 적게 …………………………………… 122
3. 답을 말하지 않고 암시한다 …………………………… 129
4. 주어를 '나'로 하는 메시지는 만능 기술 …………… 135
5. 현재 상태가 아니라 바라는 모습을 제시한다 …… 140
6. 화는 일차 감정으로 변환해 전달한다 ……………… 146

Chapter 4

복종과 회피를 하지 않고
전달하는 기술

1. Thank you, But, No thank you …… 160
2. 세련되게 'No'라고 말한다 …… 165
3. DESC 방법으로 'No'라고 말한다 …… 172
4. '나'나 '우리'를 주어로 한다 …… 178
5. 감정적이 되지 않으면서 감정을 전달한다 …… 184
6. 일부러 받아넘긴다 …… 190

에필로그 …… 196

프롤로그 Prologue

커뮤니케이션의 포인트는
적당한 거리감

직장 커뮤니케이션으로 주목을 끄는 '대인관계 심리학'

일본에서 2014년과 2015년, 두 해에 걸쳐 많은 사람의 주목을 모은 책은 《미움 받을 용기 – 아들러의 가르침》이었다. 이후 아들러 심리학 관련 책이 줄줄이 소개되면서 아들러 심리학 붐이 일었다.

알프레드 아들러(Alfred Adler)는 1870년 오스트리아의 빈 교외에서 태어났다. 캐나다의 정신과 의사 헨리 F. 엘렌베르거는 자신의 저서 《무의식의 발견》에서 아들러를 프로이트와 융에 필적하는 심리학자로 소개했다.

수많은 심리학자가 '인간성 심리학의 원류'라 불리는 아들러 심리학의 영향을 받았는데, 그중에서도 유명한 인물로는 에이브러햄 매슬로, 빅터 프랑클, 칼 로저스, 앨버트 엘리스, 에릭 번을 들 수 있다. 또한 아들러 심리학은 '자기 계발의 원류'로도 불리는데,

데일 카네기나 스티븐 코비의 책에 등장하는 이론을 보면 아들러 심리학과 매우 흡사하다. 커뮤니케이션 기술로 널리 알려진 코칭(coaching)과 신경언어 프로그래밍(neuro-linguistic programming, NLP) 역시 아들러 심리학의 영향을 받았다.

아들러는 '인간의 모든 고민은 대인관계에서 비롯된다'며 대인관계론을 주장했다. 그런 의미에서 직장 커뮤니케이션을 배우는 데에는 아들러 심리학이 안성맞춤이다.

아들러 심리학의 순혈주의와 혼혈주의

나에게 아들러 심리학을 가르쳐 준 이와이 토시노리 선생님(휴먼길드 대표)이 한 말 중에 아직까지 기억에 남는 말이 있다.

"아들러 심리학은 사상과 이론에서는 순혈주의입니다. 프로이트가 주장하는 원인론 등 다른 학파의 사상과 양립하는 일이 절대 없어요. 그러나 수법에서는 혼혈주의입니다. 아들러 심리학과 사상적으로 가까운 다른 심리학의 카운슬링 기술과 최신 기술을 유연하게 받아들여 활용하죠."

아들러의 책을 읽은 사람이라면 알 텐데, 그는 사상과 철학에 대해서는 수다스럽게 말했으나 구체적으로 어떻게 해야 하는지 기법에 대해서는 거의 언급하지 않았다. 그래서 루돌프 드라이커스, 돈 딩크마이어, 해럴드 모삭, 버나드 슐먼 등의 제자들이 아들러 심리학 사상을 토대로 구체적인 기술을 체계화했다.

이 책에서는 이와이 선생님의 말대로 '사상에서는 순혈주의, 기법에서는 혼혈주의'를 답습해 아들러의 심리학 사상을 지키면서 그것과 친화성이 높은 다양한 대화 기술을 소개한다.

아들러 심리학에서는 상하, 우열, 승패, 옳고 그름 같은 종적인 관계를 부정한다. 누가 위이고 아래인가 하는 허영심을 채우기 위한 무용한 논의가 아니라, 유익·무익, 건설적·비건설적을 중심으로 매사를 생각한다. 그런 의미에서 혼혈주의 기법은 유익하고 건설적이라 할 수 있다.

너무 가깝거나 멀지 않은
적당한 거리감

2008년 일본의 한 경제 연구소가 실시한 '직장 내 고민에 관한 설문 조사' 결과를 보면 남성 72.9%, 여성 78.5%가 직장 내 인간관계로 고민한 적이 있는 것으로 확인되었다. 그리고 일본 생산성본부가 2014년에 실시한 '직장 내 커뮤니케이션에 관한 의식 조사'에 의하면 일반 직원의 73.1%가 '매사에 상대에게 정확히 생각을 전달할 자신이 없다', 77.6%가 '다른 사람 앞에서 말하는 것이 서툴다'고 답했다. 직장인의 대부분이 대인관계로 고민하고 커뮤니케이션에 자신을 갖지 못하는 것이다.

이렇게 말하는 나도 직장 커뮤니케이션에서 실수한 경우가 셀 수 없을 정도다. 회의에서 자신의 의견만 장황하게 늘어놓고, 관여해선 안 될 다른 사람의 일에 대해 이렇게 해야 한다고 쓸데없는 간섭을 했다. 또 이와 반대로 의견을 말해야 할 상황에서 아무 말도 하지 않았다 나중에 '말할걸' 하고 후회했다. 사실은 동료가 일을 도와주길 바라면서도 말도 꺼내지 못한 채 '내가 하면 되지' 하고 포기해 버렸다.

그런데 한편으로 직장 안을 둘러보면 그런 부분들을 절묘하게 헤쳐 나가는 사람이 있다. 자연스럽게 남을 배려하고 주위의 말에 귀 기울이는 선배와 상사. 불쾌감을 주거나 강요하지 않고 가볍게 "부탁해."라는 말로 일을 맡기는 동료.

그런 커뮤니케이션의 달인들과 나의 차이는 무엇이었을까? 바로 '거리감'이었다.

내가 흔히 하는 실수 중 하나는 '강요'와 '참견'이라는, 지나치게 거리가 가까운 커뮤니케이션이었다. 그래서 실수에 넌더리를 내고 반성을 거쳐 의식적으로 다른 사람과 거리를 두려고 했다. 그렇게 하자 이번에는 다른 실수가 얼굴을 내밀었다. '복종'과 '회피'라는, 지나치게 거리가 먼 커뮤니케이션 형태를 취하게 된 것이다.

주위와 소통이 안 되는 사람을 보면 다른 사람들과의 거리가 너무 가깝거나 먼 경우가 많다. 나처럼 과하게 반응해 실패하는 것이다. 반면에 커뮤니케이션의 달인은 이 거리감을 유지하는 것이 실로 절묘하다. 너무 가깝거나 멀지 않다. 딱 좋은 거리를 유지하는 것이 특징이다.

골프 세계에서는 "거리감을 제압하는 자가 골프를 제압한다"는 말이 있다. 이 거리감만큼은 말로 가르칠 수 없다. 자신의 몸으로 기억해야 한다. 커뮤니케이션도 마찬가지다.

가까운 사람을 대할 때 강요하게 된다

"이 자료는 알아보기 힘들어. 보통은 항목별로 쓰는데 왜 이렇게 장황해?"

"회의는 5분 전 집합이 당연하지. 시간에 임박해서 오는 사람은 신뢰할 수 없어."

직장은 집안, 성장 과정, 가치관 등이 다른 사람들이 모여서 일하는 곳이다. 그래서 타인의 업무 방식이나 언동에 위화감을 느끼는 것은 당연하다.

이런 곳에서야말로 커뮤니케이션에 신경 써야 한다. 그러나 우리는 직장 동료를 비롯해 가까운 사람을 조심성 없이 아무렇게나 대하는 실수를 곧잘 저지른다. 가까운 사람에게는 '알아주겠지' 하는 기대감으로 자신의 생각을 강요하고 거리를 좁힌다.

커뮤니케이션(communication)의 어원은 라틴어 콤무니카티오(communicatio)로, 이는 '함께 나누다, 공유하다'라는 의미다. 그런데 커뮤니케이션을 '전달하다'처럼 '일방통행'의 의미로 인식하는 사람이 많다. 바로 여기에 커뮤니케이션의 근본적인 문제가 있다.

나 또한 '알아주겠지' 하는 기대감에서 일방적으로 전달하는 실수를 했다. 지금 생각하면 이것은 지나치게 거리가 가까운 커뮤니케이션이었다. 그러나 연수 강사와 강연가로 활동하며 커뮤니케이션 기술을 배우고 아들러 심리학을 공부하면서 조금씩 그런 나쁜 습관을 개선할 수 있었다.

이 책에서는 대인관계 심리학인 아들러 심리학을 통해 배우는 직장 커뮤니케이션의 기술을 다루며, 무심코 저지르는 실수 가운데 하나인 강요와 간섭 등을 예로 들어 개선법에 대해 알아본다.

신경 쓰이는 상대일 때는 한발 물러선다

강요나 간섭을 하는 커뮤니케이션에는 문제가 있다. 그렇다면 거리를 두는 커뮤니케이션은 괜찮을까?

그렇지 않다. 거리를 두면 전하고 싶은 것을 제대로 전달할 수 없다. 상대 역시 마찬가지다. '말을 공유하다'라는 커뮤니케이션의 본래 의미에서 보면 완전히 반대되는 행위다.

"이런 말을 하면 기분 상할 수 있으니 입 다물자."

"사실은 다른 방식으로 일을 진행하고 싶지만 언쟁하기 싫으니 말한 대로 따르자."

직장 커뮤니케이션에서 이렇게 한발 물러서게 되고 이를 계기로 사이가 껄끄러워진 경험이 누구나 있을 것이다. 한발 물러서는 것은 상대와 거리를 두는 행위다. 아들러 심리학에서는 이것을 실수해 상처 입기 전에 상황을 피해 버리는 일종의 복종과 회피, 스스로 관계를 끊는 행위로 인식한다. 그러므로 그 끝은 바람직하지 못하다. 그럼 어떻게 해야 할까?

구체적인 방법은 뒤에서 설명하겠지만, 무엇보다 적당한 거리감을 두는 것이 중요하다. 이렇게 해야 한다고 강요하거나, 속으로는 납득할 수 없는데 알겠다고 복종하는 것이 아니라, "이렇게 해 보는 게 어떨까?", "나는 이런 방법이 좋다고 생각합니다. 여러분 생각은 어떻습니까?" 하고 말한다. 그런 다음 다른 사람의 해명을 듣고 공유하며, 나아가 합의점을 만든다. 이처럼 본래의 커뮤니케이션을 자유롭게 할 수 있어야 한다.

한때 나도 강요와 간섭을 했던 자신을 반성하고 그와는 정반대로 한발 물러서는 복종과 회피의 커뮤니케이션만 했던 때가 있다. 그런데 다른 사람과의 관계가 차츰 소원해져서 욕구 불만만 커져 버렸다. 결국 나는 적당한 거리감이 필요하다는 것을 깨닫게 되었다.

상호 존경, 상호 신뢰가 만드는 알맞은 거리감

적당한 거리감을 갖는 커뮤니케이션. 이 책에서는 역설적인 의미를 담아 '강요, 간섭하지 않는 커뮤니케이션'(3장), '복종, 회피하지 않는 커뮤니케이션'(4장)을 구체적인 기술과 함께 설명한다. 그리고 이것들의 토대가 되는 '상호 존경, 상호 신뢰를 쌓는 기술'(2장)을 소개한다.

1장은 마음가짐, 기술, 습관 가운데 '마음가짐' 편이다. 인식을 바꾸는 것부터 시작해 구체적인 기술로 이어진다.

마음을 담지 않은 기술은 공허하다. 아무리 커뮤니케이션 기술을 습득해도 단순한 테크닉에 머물면 도리어 역효과가 나타날 수 있다.

'상대를 내 생각대로 움직이고 싶다'는 저의를 갖고 기술을 쓰면 쉽게 간파당한다. 테크닉을 쓸 만큼 뻔뻔하고 한심한 인간이라는 인상을 주어 신뢰를 잃게 된다. 또 "이 정도 일은 내게 맡기지 말고 알아서 좀 해!"라고 말하고 싶은데 화를 적당히 포장한 채 억지 웃음을 지어 봤자 경련이 일어나는 얼굴을 감출 수 없다.

먼저 마음가짐을 바꾸자. 그리고 동시에 기술을 습득하자. 그 기술을 습관화하면 심기체(心技體)는 하나가 된다.

Chapter 1

적당한 거리감을 실현하는
일곱 가지 사고 개혁

직장에서 원활한 커뮤니케이션을 실현하려면 두 가지 접근 방식이 필요하다. 바로 '사고'를 바꾸는 것과 '행동'을 바꾸는 것이다.

"마음이 바뀌면 행동이 바뀐다"는 말처럼 사고가 달라지면 행동도 달라진다. 사고를 바꾸지 않고 강제로 행동을 바꾸면 오래가지 못한다. 예를 들어 체중을 감량하자는 각오 없이 식사 제한을 하면 절대 오래 지속하지 못한다. 식사 제한이라는 '행동'의 변혁을 지속하기 위해서는 체중을 감량하자는 각오, 즉 '사고'를 바꿔야 한다.

그런데 사실은 그 반대도 진리다. 행동을 바꾸면 사고가 바뀐다. 강한 각오나 결의 없이 식사 제한을 해 봤는데 체중이 줄었다고 하자. 사람은 결과가 있으면 재미를 느끼는 법이다. 이렇게 더욱 줄이자고 결심해 결과적으로 사고가 바뀌는 경우도 있다.

따라서 이 책은 이상적인 커뮤니케이션의 실현을 위해 사고 변혁과 행동 변혁, 양쪽에서 접근한다. 1장에서는 사고 변혁에 대해 다룬다. 적당한 거리감을 실현하기 위한 일곱 가지 사고방식을 알아본 후에 구체적인 행동을 더한다.

생각이 바뀌면 행동이 바뀐다.

행동이 바뀌면 생각이 바뀐다.

물론 기본은 아들러 심리학이다. 아들러 심리학으로 배우는 일곱 가지 사고방식을 알아보자.

1
피하지 않는다, 걱정하지 않는다, 간섭하지 않는다

좋은 커뮤니케이션의 열쇠는 거리감으로, 그 논리적 배경에는 '과제 분리'가 있다. 아들러 심리학에서는 '누구의 과제인가'를 중시한다. 예를 들어 부모가 자녀에게 공부하라고 잔소리하는데, 공부하는 것은 누구의 과제일까?

이 질문의 답을 찾는 것은 간단하다. 결과의 책임을 떠맡는 것은 누구인가, 즉 '공부하지 않아 생기는 결과의 책임을 안게 되는 것은 누구인가'를 물으면 된다. 여기서 책임을 떠맡는 것은 부모가 아니라 자녀다. 따라서 공부를 할지 말지는 자녀의 과제다.

그런데도 부모는 자녀에게 공부하라고 명령한다. 아들러 심리학에서는 이것이 '자녀의 과제에 대한 부모의 간섭'이고, 이로써 부모와 자녀의 신뢰 관계가 깨진다고 본다. 관계가 깨진 후에는 지원을 요구해도 받아들여지지 않는다.

앞서 든 예의 경우에는 공부하라고 자녀의 과제에 간섭하지 않고 친밀한 대화를 하면 된다.

"아빠는 네 진학 문제로 걱정인데 같이 얘기할까?"

"네가 장래에 하고 싶은 일을 실현할 수 있게 적어도 고등학교까지는 졸업하는 게 나을 듯한데, 네 생각은 어때?"

"만일 네가 공부를 도와 달라면 기꺼이 도와주마. 학원에 다니고 싶으면 말하렴. 아빠는 회사에서 열심히 일하마."

이런 대화로 충분하다고 아들러는 조언한다.

"종일 게임만 하지 말고 제발 공부 좀 해, 공부!"

비교해 보니 어떤가? 좋은 커뮤니케이션의 비결이 '거리감'이라는 것을 알 수 있다. 적당한 거리감을 갖기 위해 일단 과제 분리를 함으로써 상대의 과제에 간섭하지 않는 것이 중요하다.

떠안지 않는다, 걱정하지 않는다

"벌써 몇 번째야. 좀 전에도 말해 줬잖아!"

인내심을 잃고 후배를 야단치고 말았다. 후배는 종일 기운 빠진 모습이다. 그 모습을 보니 너무 심했나 반성하게 되고 후배의 얼굴색이 신경 쓰인다.

이런 경험을 한 적이 있는가? 나는 예전에 이런 일이 여러 번 있었는데 지금은 다르다. 과제 분리의 두 번째 키워드인 '떠안지 않는다, 걱정하지 않는다'는 사고방식을 갖게 되었기 때문이다.

후배가 우울해하는 것은 후배의 과제이지 나의 과제가 아니다. 따라서 후배의 우울함을 자신이 떠안는 것은 상대의 과제를 떠안는 셈이다. 다시 말해 과제의 분리가 이뤄지지 않은 것이다.

선배에게 혼나는 똑같은 상황을 겪더라도 모든 사람이 다 우울해하지는 않는다. 분발해서 더 열심히 하는 사람이 있는가 하면, 금방 잊어버리고 생글거리는 사람도 있다. 즉 후배는 자기 의사를 갖고 자신의 과제로 우울해하는 것을 선택했을 뿐이다. 그것은 후배의 과제다.

그렇다고 해서 반성하지 않아도 된다는 것은 아니다. 후배에게

심하게 말했다고 생각한다면 개선하면 된다. 이것은 내 과제다. 따라서 어투에 신경 쓰는 등 자신의 과제에만 집중하면 된다. 그런데 상대의 기분이라는 상대의 과제와 섞여 버리기 때문에 복잡해진다.

이처럼 '떠안지 않는다, 걱정하지 않는다'는 것도 아들러 심리학의 과제 분리 중 하나다. 적당한 거리감을 갖는 커뮤니케이션을 위해 이를 기억해야 한다.

복종하지 않는다, 거리낌 없이 'No'라고 말한다

과제 분리에서는 '상대의 과제에 간섭하지 않는다', '상대의 과제를 떠안지 않는다, 신경 쓰지 않는다'는 전제뿐 아니라 자신의 과제에 대해 상대가 간섭할 때 정확히 'No'라고 말하는 것도 중요하다.

예를 들어 당신이 자신의 업무를 자기 방식으로 진행했다고 하자. 그런데 동료가 "어? 그 방법은 안 하는 게 좋으니 이렇게 해요." 하고 간섭했을 때, 냉정하게 좋은 조언이라는 생각이 드는 경우에는 받아들이면 된다. 그러나 깊이 고려해 보니 내 방식도 문제가 없고 그대로 하고 싶다면 거리끼지 말고 'No'라고 말해야 한다.

"조언 고마워요. 그 방법도 나쁘지는 않은데 나는 내 방식대로 해 보고 싶어요. 그대로 할래요."

가볍게 웃으며 이렇게 'No'라는 뜻을 전달한다. 이 또한 과제 분리 중 하나다. 이때 주의해야 할 점은, 'No'라고 말하면서 상대의 과제에 간섭하는 실수를 저질러선 안 된다는 것이다. 간섭당했으니 그대로 갚아 준다, '눈에는 눈, 이에는 이'로 나가선 안 된다.

"괜한 참견 하지 말아요! 내 일에 잔소리하지 마세요!"

이런 대응으로는 적당한 거리감을 만들 수 없다. 상대가 내 방식에 간섭할지 어떨지는 상대의 과제이기 때문이다. 거기에 대해 '잔소리 마' 하고 반박하는 것은 이쪽이 상대의 과제에 간섭하는 셈이 된다. 자신의 과제에만 집중하자. '상대가 간섭할 때 나는 어떻게 반응할까?'에 집중하는 것이다.

아들러 심리학을 배운 사람이라면 이렇게 말할 것이다.

"조언 고마워요. 하지만 나는 내 방식대로 할게요."

이런 식으로 말하면 거리가 지나치게 가까운 접근전에서의 격투가 아니라 적당한 거리를 둔 세련된 커뮤니케이션이 가능하다.

2
승패를 의식하는 종적인 관계를 버린다

종적인 관계를 버린다

적당한 거리감의 커뮤니케이션을 위해서는 종적인 관계를 버려야 한다. 종적인 관계란 매사를 상하, 우열, 승패, 옳고 그름으로 판단하는 마음의 습관이다. 우리는 일상적으로, 특히 직장에서 종적인 관계로 생각하는 습관에 젖어 있는데, 이것이 원만한 커뮤니케이션을 저해하는 요인임을 미처 깨닫지 못한다.

"그는 현장을 몰라. 아직 미숙해."

"○○씨가 한 말 이상하지 않아? 그 사람은 늘 핀트를 못 맞춰."

이런 말들은 종적인 관계를 전제로 한다. 모든 일을 상하, 우열, 승패, 옳고 그름으로 따지는 것이다. 상위, 우위, 승리, 정당함이면 긍정적으로 받아들이지만 하위, 열위, 패배, 실수라면 부정하고, 이런 사고방식을 전제로 커뮤니케이션을 한다.

그러나 앞서 언급했듯이 커뮤니케이션의 어원에는 '공유'라는 의미가 있다. 상위, 우위, 승리, 정당함이면 긍정하지만 그렇지 않으면 부정한다는 전제에서 과연 말의 공유가 이뤄질 수 있을까?

아들러 심리학에서는 종적인 관계를 버리지 않는 한 원만한 대인관계를 얻을 수 없다고 생각한다. 종적인 관계를 버리고 횡적인 관계에서 커뮤니케이션을 해야 한다. 횡적인 관계는 상하, 우열, 승패, 옳고 그름이 아니라 유익한가 무익한가, 건설적인가 비건설적인가를 전제로 한다. 종적인 관계에서는 커뮤니케이션을 통해 자신의 입장을 상승시키려 하기 때문에 상호 존경, 상호 신뢰를 중시하지 않는다. 반면에 횡적인 관계에서는 과제 해결을 지향해 협력과 발전의 과정을 중시함으로써 경쟁적인 관계를 최소로 한다.

"당신 생각은 유치해. 아직 미숙해."

(상하라는 종적 관계)

"당신 생각은 수준이 떨어져. 내가 훨씬 낫지."

(우열이라는 종적 관계)

"당신 생각은 틀렸어. 내가 맞아."

(옳고 그름이라는 종적 관계)

이런 식의 커뮤니케이션을 하는 경우와

"그 생각도 좋지만 내 생각이 좀 더 낫지 않을까?"

(건설적·비건설적이라는 횡적 관계)

하고 말하는 경우, 어느 쪽이 '말의 공유'에 더 가까운가? 후자처럼 종적인 관계를 버리고 횡적인 관계로 생각해야 한다.

자신을 낮추지 않는다

종적인 관계를 버리라고 하면 대개는 종적인 관계를 위에서 내려다보는 시선으로 이해하는데 그런 시선만을 말하는 것이 아니다. 자신을 낮춰서 올려다보는 시선도 버려야 한다.

"어차피 평사원인 내 의견을 상대나 해 주겠어?"
(상하라는 종적 관계)
"그 사람에 비하면 나는 한참 부족해. 그가 말한 대로 따를 수밖에."
(우열이라는 종적 관계)
"내가 다 틀렸어. 내가 문제의 원인이야."
(옳고 그름이라는 종적 관계)

이처럼 자기 자신을 하위, 열위, 패배, 실수라는 위치에 두어 비하하고, 필요 이상으로 낮춰 열등감에 빠지는 것은 건설적인 행위가 아니다. 이런 커뮤니케이션 역시 다른 사람과의 관계에서 '말의 공유'를 방해한다.

한편으론 '내가 한 걸음 양보해 커뮤니케이션을 성립시키는 것이 뭐가 잘못이지?' 하고 생각하는 사람도 있을 것이다. 그러나 앞서 언급한 예에서는 커뮤니케이션의 목적인 '말의 공유' 없이 자신과 상대를 속이고 상황을 묵과할 뿐이다.

종적인 관계가 상위, 우위, 승리, 정당함이라는 면에서 상대를 부정하는 것만이 문제는 아니다. 자신을 비하해 필요 이상으로 낮춰서 굳이 하위, 열위, 패배, 실수에 두는 것도 커뮤니케이션을 저해하는 잘못된 자세다.

대등한 입장에서 서로를 인정해야 한다. 아들러 심리학에서는 이를 상호 존경, 상호 신뢰 관계라고 한다. 이것은 바로 횡적인 관계다. 상대의 나이가 어리건, 직위가 낮건, 경험이 부족하건 인간으로서 존중하며 이런 자세를 전제로 커뮤니케이션을 한다. 종적인 관계가 아니라 횡적인 관계로 생각하는 것은 적당한 거리감을 유지하는 커뮤니케이션의 필수 조건이다.

▼ 모든 것은 주관이다

아들러 심리학의 중요한 사고방식 중 하나는 '현상학'이다. 현상학은 철학자 에드문트 후설이 주장한 개념으로, 아들러도 거의 같은 개념을 모든 사고의 전제에 두고 있다. 바로 '객관은 없다, 모든 것은 주관이다'라는 생각이다.

가장 유명한 비유로 컵에 든 물 이야기가 있다. 컵에 물이 반쯤 담겨 있다고 하자. 그것을 보고 어떤 사람은 '반밖에 없어'라며 비관적으로 생각하고, 어떤 사람은 '반이나 남았네'라고 낙관적으로 생각한다.

둘 중 누가 객관적일까? 정답은 없다. 가치관에 객관이란 있을 수 없으며 사람마다 각자 주관을 갖고 있기 때문이다. 그래서 일부 과학적인 증명과 법률에 관한 것을 제외하면(엄밀히 말하면 과학과 법률도 다수의 합의를 얻은 주관=간주관성이지만) '그런 건 당연한 거 아냐?' 하는 생각도 객관이 아닌 주관일 뿐이다. 자기 자신에게는 당연해도 다른 사람들에게는 그렇지 않은 것, 이것이 바로 현상학이다.

예전에 나는 직장에서 아랫사람이 제대로 인사하지 않으면 곧바로 질책을 했다. "인사는 당연히 해야 하는 거다. 그 정도도 안 되면 어떻게 하냐?" 그러나 아들러 심리학을 배운 후로는 사람마다 주관, 즉 정답이 다르다고 생각해 이렇게 바뀌었다.

"나는 서로 인사를 나누는 직장이 입 다물고 외면하는 직장보다 기분 좋을 거라 생각하는데 어때? 서로 인사하는 직장으로 만들고 싶은데 어떻게 생각하지?"

내가 옳고 상대가 틀렸다는 상하, 우열, 승패, 옳고 그름을 전제로 하는 종적인 관계가 아니라 건설적인가 비건설적인가에 초점을 맞춘 횡적인 관계로 생각해 적당한 거리감을 두는 커뮤니케이션을 해야 한다고 깨달았다.

3
행위와 사람을 혼동하지 않는다

문제는 사람이 아니라 비건설적인 행위다

동료가 회의에 10분 지각하자 상사가 그를 질책했다.

"자네는 시간 관념이 없어. 다음부터는 주의해."

"죄송합니다."

동료는 기분 나쁜 듯 뿌루퉁한 얼굴로 사과했다.

그런데 이와 같은 경우에 상사는 어떻게 주의를 주어야 효과적일까? 아들러 심리학을 배운 상사라면 이렇게 말했을 것이다.

"자네, 오늘 10분 늦었어. 이유가 있겠지만 다음에는 늦지 않도록 해요."

아들러 심리학에서는 행위와 사람(행위자)을 분리한다. 앞의 예에서 첫 번째 경우에는 상사가 부하 직원과 지각을 연결해 '사람'을 질책했다. 반면에 두 번째 경우에는 상사가 10분 지각한 사실, 즉 '행위'만 지적했다. 이것은 커뮤니케이션에서 큰 차이를 가져온다.

"죄는 미워하되 사람은 미워하지 말라"는 말이 있다. 회의에 지각한 행위는 죄에 해당할 수 있다. 그러나 이것을 가지고 시간 관념이 없는 사람으로 단정 지으면 상대도 화가 날 수밖에 없다.

직장에서의 원활한 커뮤니케이션을 위해서는 행위와 사람(행위자)을 분리한다는 아들러 심리학의 사고방식이 중요하다.

지적은 공격이 아니고, 다름은 공포가 아니다

A가 동료 B를 지적했다.
"이 그래프 수치가 잘못되었어요."
그러자 B는 당황해서 필사적으로 변명했다.

"아, 이 보고서는 아직 초안이고 이제부터 숫자를 확인하려고 했어요. 그래서……."

그 상황을 지켜보던 과장이 가볍게 웃으며 B에게 조언했다.

"A는 자네를 공격한 게 아냐. 그저 수치가 잘못되었다고 사실을 말한 것뿐이지. 그러니까 자신을 방어하려고 하지 않아도 돼."

서둘러 자신의 잘못을 모면하려 했던 B는 직장 내 커뮤니케이션에서 '지적'과 '공격'을 같은 것으로 생각했다. B는 오류를 범하는 행위를 했을 뿐이지 사람(행위자)으로서 무능한 것은 아니다. 그런데도 인격을 공격당했다고 생각해 필사적으로 상황을 모면하려 했다. 지적을 받은 B는 행위와 사람(행위자)을 혼동한 것이다.

이와 유사한 착각으로 흔히 초래되는 일은 타인과 자신의 다름에 대해 공포를 느끼는 것이다. 가령 자신이 "A 방안이 좋다고 생각합니다."라고 발언했다 하자. 하지만 나를 제외한 모든 사람이 B 방안이 가장 좋다며 서로 마주 보고 고개를 끄덕였을 때 우리는 공포를 느끼게 된다. 남과 다른 의견을 말했을 뿐인데 마치 자신이 왕따를 당한 것처럼 느끼는 것이다. 이는 행위와 사람(행위자)의 분리가 이뤄지지 않았기 때문이다.

인간은 사회적 동물이라 공동체에 속해 있다는 감각이 필요하다. 하지만 남과 의견이 다른 경우 행위와 사람을 혼동하면, 남과 다른 행동을 하거나 의견을 말할 때마다 자신이 외계인처럼 느껴져서 공동체에 대한 귀속이 위협당한다는 공포감을 갖게 된다. 그러나 현상학에서 설명했듯이 사람의 가치관은 저마다 다르다. 이런 차이 때문에 창조성을 발휘할 수 있고 존재하는 의의가 있는 것이다.

지적은 공격이 아니고, 다름은 공포스러운 것이 아니다. 행위와 사람을 구분하는 적절한 거리감이 필요하다.

사람을 칭찬하면 종적인 관계, 행위에 대해 용기를 북돋아 주면 횡적인 관계

부정적인 발언일 때만 행위와 사람(행위자)을 혼동하는 것은 아니다. 긍정적인 발언인 칭찬을 할 때도 이런 일이 일어날 수 있다.

아들러 심리학에서는 칭찬을 권하지 않는다. 칭찬이라는 행위는 위에서 아래로 내려다보는 시선, 즉 종적인 관계를 전제로 하기 때문이다. 사장이 직원을 칭찬하지 직원이 사장을 칭찬하지는 않는다. 또 선생님이 학생을 칭찬해도 학생이 선생님을 칭찬하는 일은 없다. 칭찬이라는 행위는 늘 위에서 아래라는 종적인 관계를 전제로 한다.

그러므로 아들러 심리학에서는 용기를 주는, 옆에서 지켜보는 눈높이가 중요하다. 잘했다, 훌륭하다며 위에서 내려다보는 시선으로 칭찬하는 것이 아니라 도와줘서 고맙다, 재미있게 하는구나 하고 옆에서 용기를 주는 시선이 필요하다.

앞의 예에서도 알 수 있듯이 칭찬하는 대상은 행위자가 된다. 반면에 용기를 북돋아 줄 때는 대개 행위 자체가 대상이 된다. 칭찬은 위에서 사람(행위자)을 내려다보는 것이고, 용기를 북돋아 주는 것은 옆에서 행위를 지켜보는 것이다.

일상적으로 우리는 무의식중에 행위와 사람(행위자)을 혼동하기 때문에 매사에 행위와 사람이 별개라는 인식을 가져야 한다. 이런 전제가 있어야 비로소 좋은 커뮤니케이션이 이뤄진다.

4
심판하지 않는다, 벌주지 않는다

사람을 바꾸는 것은 불가능하다

한때 나는 많은 상황에서 내 자신이 남보다 뛰어나며 옳다고 생각했다. 모든 일에서 상하, 우열, 승패, 옳고 그름이라는 종적인 관계를 전제로 했기 때문이다. 그 결과 타인을 바꾸려는 행동을 취하게 되었다. 다른 사람의 의견이 나보다 뒤떨어지며 잘못되었다고 인식한 탓에 선의에서 그 사람을 바꿔 주려고 마음먹었다. 아니, 친절하게 옳은 길을 가르쳐 주려고 했다. 하지만 그 사람은 반발을 했고, 나는 그가 왜 그러는지 도저히 이해할 수 없었다.

지금 생각해 보면 그의 반발은 지극히 당연한 행동이었다. 그 사람 역시 나와 마찬가지로 자기 자신이 뛰어나며 옳다고 생각했을 것이기 때문이다. 그리고 내 의견이 자기보다 뒤떨어지며 잘못되었다고 생각해 나를 바꾸려 했다. 서로 상대를 바꾸려는 무모한 싸움을 한 것이다.

아들러의 영향을 받아 독자적인 이론을 전개한 캐나다의 정신과 의사 에릭 번은 "인간의 힘으로는 과거도 타인도 바꿀 수 없다. 그러나 미래와 자신은 바꿀 수 있다."라고 말했다. 이처럼 아들러 심리학에서는 다른 사람을 조작해 바꾸려는 것이 비건설적인 행동이고, 자신을 바꾸는 것이 건설적인 행동이라고 본다.

타인을 하위, 열위, 패배, 실수라는 종적인 관계로 정의해서 바꾸려고 하면 원활한 커뮤니케이션이 불가능하다. 타인과 자신을 대등한 횡적 관계로 정의하고 타인이 아닌 나 자신을 바꾸려는 것은 좋은 커뮤니케이션에서 꼭 필요한 자세다. 이런 토대 없이는 테크닉을 배워도 커뮤니케이션이 개선되지 않는다.

재판관이 되지 않는다

예전에 내가 그랬듯이, 타인을 바꾸려고 하는 사람은 동시에 그를 심판하려 한다. 마치 재판관처럼 그 사람에게 잘못이라는 판결을 내리고 때로는 벌을 주기도 한다. '당신이 틀렸다, 인정해라, 사과해라' 하고 말한다.

이런 행동은 건설적일까, 비건설적일까? 두말할 것도 없이 이와 같은 커뮤니케이션은 신뢰 관계를 무너뜨리기 때문에 비건설적이다. 상대를 심판하고 벌하기 위해 무시하고, 언짢은 표정을 짓고, 우울한 기분을 드러내는 것은 비건설적이다.

직장에서의 업무는 대개 고객의 문제를 해결하고 고객을 만족시켜서 그 대가로 이익을 얻는 것이다. 즉 일과 관련된 모든 행위는 '고객의 문제 해결'과 '고객 만족의 창출'로 이어져야 한다.

그러나 동료를 심판하고 벌하는 행위는 고객의 문제 해결이나 고객 만족의 창출로 이어지지 않는다. 자신의 불만을 터뜨려서 기분을 전환하려는 것이 목적일 뿐이다. 직장에서 자신의 불만을 해소하기 위해 다른 사람을 심판하고 벌하는 것은 삼가야 한다. 이런 비건설적인 행위가 아니라 건설적인 데 시간을 할애하자. 건설적인 것이란 물론 고객의 문제 해결이나 고객 만족의 창출로 이어지는 행위를 말한다.

'A 방안과 B 방안, 어느 쪽이 고객 만족의 창출에 건설적인가'라는 관점에서 커뮤니케이션을 하는 것이 적당한 거리를 둔 커뮤니케이션, 즉 좋은 커뮤니케이션이다.

결론에 맞춘 증거를 모으지 않는다

우리는 왜 내가 옳고 남이 틀렸다고 생각하는 것일까? 여기에는 몇 가지 이유가 있다.

첫째, '자기 정당화'다. 사람은 누구나 우월함, 완전함을 추구한다. 뛰어난 인간, 이상에 가까운 인간이 되고자 하는데 그 지름길은 바로 자기 정당화다. 뛰어난 인간이 되기 위해 노력하는 대신 뛰어난 인간이라고 생각하기 위해 노력하는 것이다. 다른 사람이 틀렸고 내가 옳다고 생각함으로써 우월함을 손에 넣는 안이한 유혹에 넘어간다.

둘째, 자기 정당화를 강하게 만드는 '인지 편향'이다. 인지 편향이란 자신이 생각한 결론을 이끌어 내기 위해 무의식중에 사실을 왜곡해서 해석하는 현상을 말한다. 예를 들면 다른 사람이 잘못했고 내가 옳다는 결론을 이끌어 내기 위해 그 결론에 합치하는 정보만 받아들이고 적합하지 않은 정보는 무시하는 것이다.

"동료 A와 B도 그 사람의 의견이 이상하다고 했다."

"과장님도 나와 생각이 같다고 점심 먹을 때 말했다."

위와 같이 자신이 이끌어 낸 결론에 적합한 정보만 취사선택해서 받아들인다.

이렇듯 우리는 평소에 자기 정당화와 인지 편향에 조종당하고 있다. 그 결과 다른 사람을 무시함으로써 심판하고 언짢은 표정으로 벌주려 한다. 그럼으로써 다른 사람과의 거리가 필요 이상으로 가까워져서 커뮤니케이션에 악영향을 미친다.

이런 일을 처음부터 차단하기 위해서는, 스스로 결론을 내려 자기 정당화를 하고 그 결론에 맞춘 증거를 모으는 인지 편향으로 유리하게 취사선택하는 경향이 있음을 자각할 필요가 있다. 늘 자기 확인이 중요하다. 이렇게 하여 다른 사람과 적당한 거리를 유지하고, 간섭을 하게 되면 즉시 거리를 수정해 원활한 커뮤니케이션이 되도록 한다.

5
감정으로써 다른 사람을 움직이지 않는다

자기도 모르게 감정적이 된다는 거짓말

자기도 모르게 화가 치밀어 큰소리를 냈다는 사람이 많다. 이성적으로 통제할 수 없는 감정에 흔들려 무의식중에 큰소리를 냈다는 것이다. 그런데 과연 그럴까?

아들러 심리학에서는 그런 경우를 '겉보기 인과율'이라 부르며 변명이라고 단정한다. 사람은 감정에 휘둘리는 것이 아니라 감정을 만들어 내어 그것을 도구로 사용한다. 자기도 모르게 화가 나서 큰소리를 낸 것이 아니라, 상대를 자기 생각대로 움직이고 싶다는 목적을 위해 화라는 감정을 만들어 내어 도구로 사용하는 것이다. 아들러 심리학에서는 이것을 '사용 심리학'이라고 하며, 모든 말과 행동에는 목적이 있다는 '목적론'을 주장한다.

또한 의식과 무의식이 모순되어 갈등한다는 프로이트적인 '분할론'을 부정한다. 아들러는 의식과 무의식이 하나라고 생각했다. 자동차의 액셀러레이터와 브레이크는 상반된 기능을 하는 것처럼 보이지만 서로 도와 같은 목적지에 도달하게 하듯이, 의식과 무의식이 하나라는 '전체론'을 주장했다.

그렇다면 우리가 감정을 만들어 내고 그것을 사용해 다른 사람을 움직이려 하는 것은 억지이며 자기중심적인 행위라는 것을 알 수 있다. 이런 상황에 처하면 상대는 당연히 난처할 수밖에 없다. 단번에 거리를 좁혀서 강제로 움직이게 만드는 것을 좋아할 사람은 아무도 없다. 물론 좋은 커뮤니케이션이 이뤄질 리도 없다. 그런데 왜 우리는 그렇게 행동하는 것일까?

감정으로 사람을 움직이는 것은 유아기의 생존법이다

우리는 스스로도 미처 깨닫지 못하는 인생의 시나리오에 따라 움직인다. 아들러 심리학에서는 이것을 '라이프 스타일'이라고 한다. 이때 라이프 스타일은 아들러 심리학에서 사용하는 독자적인 용어로, 취미나 의식주 등의 특징이 아니라 성격에 가깝다.

이 라이프 스타일은 대략 열 살 정도까지의 유아·소아기에 원만한 대인관계를 위한 성공 패턴으로 기억되고 사용된다. 즉 그것은 유아·소아기 시절 생존법의 잔존인 성공 패턴의 기억이다.

유아기에는 원하는 것이 있으면 울음으로써 표현한다. 배고프면 울고, 원하는 것을 얻지 못하면 울고, 몸의 어딘가가 불편하면 운다. 그러면 부모가 뛰어와 원하는 것을 해결해 줌으로써, 울면 원하는 것을 얻을 수 있음을 학습하게 된다.

이것이 바로 감정을 사용해 다른 사람을 움직이는 것이다. 어릴 적 울고 보채고 화내고 슬퍼하는 감정을 사용해 부모나 어른들을 자기 생각대로 움직여 왔던 그 성공 패턴의 기억이 남아 있는 것이다.

한편 아들러는 "감정으로 상대를 움직이려 하는 것은 어린아이의 행동이다. 어른이 되면 이성과 대화로 문제를 해결해야 한다."라고 말했다. 좋은 커뮤니케이션을 위해서는 감정에 휘둘렸다는 변명을 그만두고 감정으로 사람을 움직이는 것을 자제해야 한다.

감정에는 감정으로 맞서지 않는다

"그런 것도 몰라? 대체 몇 번을 말해야 알아들어!"
다른 사람이 화라는 감정으로 나를 움직이려 할 때 어떻게 반응해야 할까?
"그 어투는 뭐냐! 모르는 것은 그쪽이야."
이렇게 상대의 화에 화로 대응하게 되지 않을까? 아니면 "쳇!" 하면서 고개를 돌려 상대를 무시하고 토라지는 것으로 응징하고 반격하지 않을까? '충격이다, 상처 받았다'고 슬퍼하면서 반격하지 않을까?
"약함은 때로 무기가 된다."라고 아들러는 말했다. 슬픔과 눈물을 사용하는 것도 감정으로 다른 사람을 움직이는 수단 중 하나다. 서로 조금 차이가 있기는 하지만 그것들은 모두 감정으로써 상대에게 반론하는 형태다. 즉 '눈에는 눈, 이에는 이'로 상대와 똑같은 행위를 하는 것이다. 이는 무방비 상태로 서로 치고받는 야만적인 격투기나 다를 게 없다. 하지만 나나 상대나 서로 질책할 자격이 없다.

이런 상황을 아들러 심리학에서는 '주도권 싸움' 혹은 '권력 투쟁'이라고 한다. 즉 서로 내가 옳다, 네가 틀렸다는 종적인 관계에 빠진다. 그리고 상대보다 우위에 서기 위해 감정을 만들어 사용한다. 이럴 때는 어떻게 해야 할까?

아들러는 주도권 싸움에서 한쪽이 그만두는 것이 중요하다고 가르친다. '당신보다 내가 위다, 내가 옳다' 하는 경쟁을 그만두고 링에서 내려온다. 구체적으로 말하면, 상대의 화를 그대로 받지 않고 넘겨 버려 아무 일도 없는 듯 초연하게 받아들이는 것이다.

그러나 나도 감정이 치밀 때가 있다. 그럴 때는 아들러 심리학을 체계화한 루돌프 드라이커스의 조언처럼 화장실에 다녀오겠다고 자리에서 일어나 시간을 버는 것이 효과적이다. 다른 공간으로 이동해 서로 머리를 식히는 것이다.

적당한 거리를 두는 커뮤니케이션에서는 화와 같은 과잉 감정이 바람직하지 않다. 아들러의 말처럼 친밀한 대화만으로 충분하다.

6
자신의 실패를 두려워하지 않고, 타인의 실패를 질책하지 않는다

실패란 무엇인가

나는 지금까지 40권이 넘는 책을 펴냈고, 그것으로 독자들에게 '실패의 카리스마'라는 별명도 얻었다. 책을 읽은 독자는 알 텐데, 나의 체험담이 대부분 실패담이기 때문이다.

예전에는 실패를 큰 창피로 여겼다. 가능한 한 실패가 없어야 하고 실패를 많이 하면 무능한 인간이라고 생각했다. 하지만 지금은 다르다. 실패는 경험이고 실패 없는 성공은 없다. 실패야말로 인간을 강하게 만들고 인간으로서 깊이를 갖게 한다. 실패에 대한 개념 자체가 완전히 바뀌어 실패담을 글로 써서 내는 것도 전혀 창피하지 않다.

발명가 토머스 에디슨은 "나는 실패한 적이 없다. 단지 전구가 작동하지 않는 만 가지 방법을 발견한 것이다."라고 말했다. 이처럼 다른 각도로 보아 견해를 바꿔서 스트레스를 해소하고 행동 양식을 바꾸는 것을 리프레이밍(reframing)이라고 한다.

"아둔한 것이 아니라 진중한 것이다."

"차가운 것이 아니라 객관적인 것이다."

다른 각도에서 바라봄으로써 다른 의미를 발견하게 된다. 이는 실패에서도 마찬가지다. 실패는 창피한 일도, 있어서는 안 되는 일도 아니다. 오히려 성공을 위해 필요하고 사람을 성장시키는 계기가 된다. 실패가 많다는 것은 많은 도전을 했다는 용감함의 증거다.

이렇게 생각하면 자신의 실패를 두려워하거나 타인의 실패를 질책할 필요가 없다. 자신의 실패에 두려움을 느끼고 타인의 실패를 질책하는 것은 적당한 거리를 무너뜨려 좋은 커뮤니케이션을 방해한다.

불완전함을 인정하는 용기를 갖는다

자신의 실패를 창피하게 여기고 실패한 타인을 질책하는 사람은 대개 '인간은 완전해야 한다'는 잘못된 전제를 갖고 있다. 그러나 세상에는 완전한 인간이 단 한 명도 없으니 이 얼마나 어리석은 생각이란 말인가. 그런데도 무의식중에 자신과 타인에게 완전함을 요구하는 사람이 있다.

아들러 심리학을 체계화한 루돌프 드라이커스는 '불완전함을 인정하는 용기를 가지라는 함축적인 말을 했다. 심리학의 중요 키워드 가운데 '자기 수용'이라는 것이 있다. 이것은 결점을 포함해 있는 그대로의 자기 자신을 받아들이고 인정하는 자세다. 하지만 이는 생각만큼 실행하기가 쉽지 않다. 우리는 많은 결점을 지니고 있으며, 항상 불쑥 나타나는 그것과 마주하게 되기 때문이다.

가령 이 책의 주제인 커뮤니케이션만 하더라도, 나는 매일 나 자신의 결점에 맞닥뜨려 반성하고 후회한다.

"A의 얘기를 가로막고 내 이야기를 했다. 실수했군."

"B의 기분을 생각하지 않고 상처가 될 말을 했다."

"C의 이야기를 건성으로 들었다. C는 그것을 알고 기분 나쁜 표정을 지었다."

그리고 그때마다 "그렇게 하지 말걸. 정말 한심한 인간이야."라고 스스로를 질책한다. 그러나 아들러 심리학을 배운 후로는 이렇게 말한다.

"불완전함을 인정하는 용기를 갖자. 나는 어차피 불완전한 존재이고 실패도 한다."

과거를 후회하기보다는 미래를 생각한다. 이렇게 하면서 커뮤니케이션을 개선하는 용기를 얻는다.

자신을 인정하면 남을 인정할 수 있다

불완전함을 인정하는 용기를 갖고 결점을 비롯해 있는 그대로의 자기 자신을 받아들이는 것이 가능해지면 다른 사람의 실패도 용서할 수 있게 된다. 이렇게 다른 사람의 실패를 용서하고 인정할 수 있으면 커뮤니케이션도 극적으로 개선된다. 테크닉이나 요령 없이도 거짓말처럼 달라진다. 남을 인정할 수 없으면 아무리 테크닉이나 요령을 배워도 소용없다. 이는 그만큼 중요한 사고다.

다른 사람을 인정하기 위해서는 먼저 자기 자신을 인정할 것. 결점을 포함해 있는 그대로의 자기 자신을 수용할 것. 모든 것은 여기서부터 시작된다.

과거에 나는 나 자신의 불완전함을 인정할 용기가 없어서 완전하지 않으면 안 된다고 스스로를 내몰았다. 완전하지 않은데도 그것을 인정하지 못해 매일 실패를 반복했다. 그 명백한 모순을 어떻게 받아들였던 것일까?

나 자신의 불완전함에 눈을 감아 버렸다. 다시 말해 '내 잘못이 아니다, 회사 잘못이다, 상사가 나쁘다, 동료가 나쁘다, 그러니까 내 잘못이 아니다', 이렇게 모든 일을 남 탓으로 돌려 자기 자신의 불완전함에 눈을 감았던 것이다. 그러나 이것으로 자기모순을 해결할 수는 있었지만 대인관계는 더욱 나빠졌다. '내 잘못이 아니다, 다른 사람이 잘못했다'는 사고가 밑바탕에 깔려 있었기 때문에 아무리 테크닉으로 커뮤니케이션을 해도 한계가 있었다. 속으로 늘 다른 사람을 질책하는 것이 말은 안 해도 그에게 전해졌을 것이다.

그랬던 내가 아들러 심리학을 배우고 나서는 다른 사람을 질책하지 않고 나 자신의 불완전함을 인정하게 되었다. 자기 자신의 실패를 직시하자 변화가 일어나기 시작했다. 실패만 하는 나에게 다른 사람을 질책할 자격이 없다는 사실을 깨달은 것이다. 그러자 다른 사람의 실패를 웃으며 받아들일 수 있었다.

"신경 쓰지 말아요. 나도 실패투성이예요. 남에게 피해를 주고 상처를 줬어요. 그러니 마음에 두지 말아요. 지금부터라도 만회할 기회를 생각해 봅시다."

자연스럽게 이런 말이 나왔다.

자기 자신을 인정하면 다른 사람을 인정할 수 있다. 그리고 다른 사람을 인정할 때 커뮤니케이션이 극적으로 개선된다.

7
흡혈귀가 아닌 헌혈인이 되자

남에게 주는 행복

이상적인 커뮤니케이션을 실현하기 위해서는 양보도 중요하다. 자기가 하고 싶은 말만 해서는 커뮤니케이션이 성립되지 않는다. 다른 사람이 하고 싶어 하는 말에 귀 기울이는 양보하는 마음, 다른 사람에게 도움을 주어야겠다는 마음가짐 없이는 이상적인 커뮤니케이션을 실현할 수 없다.

아들러 심리학 사상의 핵심은 '공동체 감각'이다. 공동체는 가족이고, 회사이고, 지역이고, 국가이고, 세계다. 또한 공동체 감각은 그것들을 소중히 생각하는 마음이다. 자기 자신처럼, 더 나아가 그 이상으로 다른 사람을 소중히 여기는 감각이 공동체 감각인 것이다. 그리고 이는 좋은 커뮤니케이션을 실현하는 데 중요한 밑거름이 된다.

자동차 용품 회사 옐로햇의 창업주 가기야마 히데사부로 선생은 평소에도 내게 많은 가르침을 주었는데, 이런 말을 자주 했다.

"사람이 느끼는 행복은 세 가지가 있다. 남에게 받을 때 느끼는 행복, 스스로 할 수 있을 때 느끼는 행복, 남에게 줄 때 느끼는 행복이 그것이다."

첫 번째와 두 번째는 이기적인 세계다. 자신이 좋으면 좋은 수준이다. 그러나 세 번째는 다르다. 다른 사람에게 줄 때 느끼는 행복은 이타적인 마음이다. 앞의 두 가지와는 확연히 다른 차원이다. 이 세 번째 행복을 느껴야 비로소 마음의 평온을 얻게 되고 사회와 조화를 이루면서 살 수 있다고 가기야마 선생은 말했다.

이런 생각은 그가 존경하는 사이고 다카모리(무사, 정치가)의 말과도 일맥상통한다.

"득(得)은 득이 아니다. 손(損)은 손이 아니다."

이기적인 마음은 이득이 되는 것이 아니고, 이타적인 마음은 손해가 아니라는 의미다.

남을 위해 무언가를 해 줄 때 느끼는 행복, 공동체 감각, 이타심, 이런 것 없이 표면적인 테크닉만 익혀서는 좋은 커뮤니케이션이 이뤄지지 않는다.

이타심의 가면을 쓴 이기심

이기적이 아닌 이타적인 마음.

자기 자신만 생각하지 않고 다른 사람을 존중한다.

다들 이런 것쯤은 굳이 말하지 않아도 안다고 생각할 텐데 실생활에서도 이를 실천하고 있는가? 부끄럽지만 나는 그렇다고 말할 자신이 없다. 물론 필요하다는 것을 알고 있고 머리로는 이해해도 실천은 쉽지 않다. 아마 나와 같은 사람이 많을 것이다.

그런데 왜 알면서도 실천할 수 없는 것일까? 그 이유 중 하나가 앞서 언급한 인지 편향이다. 인지 편향은 무의식중에 자신에게 유리한 정보만 취사선택해 자신이 유도하고 싶은 결론을 만들어 낸다.

이기가 아닌 이타, 이 키워드에서도 인지 편향이 작용한다. 나는 이에 대해 스스로 경계한다는 의미를 담아 '이기는 이타의 가면을 쓰고 다가온다'고 표현하는데, 예전에 이런 경우를 경험한 적이 있다.

한 저자의 신간 출판 기념회 때의 일이다. 그는 나를 초대하면서 "짧은 축하 인사말 좀 해 주실래요?" 하고 부탁했다. 마침 일에 쫓겨 정신이 없어서 고민했는데, 이기심보다는 이타심이 중요하다고 사람들에게 말하고 다니는 터라 변명 대신 이타적인 마음으로 시간을 만들어 출판 기념회에 참석했다. 그러나 그것은 이타심의 가면을 쓴 이기심이었다. 나 자신을 위한 거짓이었고 이기적인 마음이었다.

출판 기념회에는 베스트셀러 작가들도 참석했는데 그들은 축하 인사말을 한 나를 칭찬해 주었다. 주최자는 제쳐 두고 인사하러 온 사람들과 사진을 찍고 사인을 해 주어 마치 내가 주인공이 된 것 같았다. 하지만 어리석게도 그때는 깨닫지 못했다. 바쁜 시간을 쪼개어 친구의 출판 기념회에 참석했다, 이것은 이타적인 마음이다, 하고 내 편의대로 해석하며 흡족해했다.

이것이 바로 인지 편향이다. 나는 '헌혈'을 했다고 생각했는데 사실은 '흡혈귀'가 되어 피를 빨고 있었던 것이다. 이처럼 우리는 이타라는 가면을 쓰고 이기를 탐하면서도 그것을 미처 깨닫지 못한다.

나부터 시작하자

아들러 심리학에서는 행복하게 사는 조건으로 공동체 감각을 우선으로 꼽는다. 그리고 공동체 감각을 높이려면 다른 사람들에게 공헌을 해야 한다고 강조한다.

"다른 사람이 나에게 무언가를 해 주었으니 공헌한다는 생각을 가져선 안 된다. 나부터 시작하라."

공헌이 마음의 평온에 영향을 준다는 것은 현대 심리학에서 이미 상식이 되었다. 그러나 100년 전 아들러가 이런 주장을 했을 때는 쉽게 받아들여지지 않았다. "다른 사람들에게 공헌하라니 마치 기독교 같다. 그것은 심리학이라는 과학이 아니라 종교다." 하고 비난을 받았다. 하지만 아들러는 그런 비판에 꿈쩍하지 않았다. 종교와 같건 어떻건 건설적이고 유익하면 된다고 생각했다.

다른 사람들에게 공헌하는 것.

나부터 시작하자.

이런 사고는 아들러 심리학의 핵심인 공동체 감각 그 자체다. 또한 가기야마 선생이 말한, '남에게 무언가를 줄 때 느끼는 행복'이기도 하다. 이것은 커뮤니케이션에서 없어서는 안 될 전제 조건이다. 다른 사람들에게 공헌하는 데서부터 시작되는 공동체 감각은 적당한 거리감을 유지하는 좋은 커뮤니케이션을 이끌어 낸다.

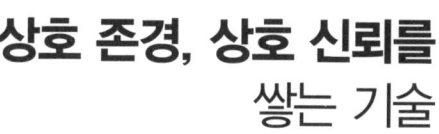

상호 존경, 상호 신뢰를 쌓는 기술

아들러 심리학에서는 대인관계의 전제로 상호 존경과 상호 신뢰를 중시한다. 우리는 다른 사람들과 나이, 경험, 직위에 차이가 있어도 인간으로서의 존엄성이 평등하다. 따라서 서로 존경하는 관계가 아니면 원만한 인간관계는 이뤄질 수 없다. 원래 상호 존경이란 '타인을 존경하고 자신도 존경한다'는 의미다. 상대 역시 같은 생각을 가져야 비로소 서로 존경하는 관계가 생겨난다.

상호 신뢰 또한 중요하다. 신용과 신뢰는 차이가 있다. 신용은 어떤 형태로든 증거나 담보를 전제로 한다. 예를 들어 그 사람이 갖고 있는 부동산의 담보 가치나 근무처, 근무 연수 등의 사회적 지위, 나아가서는 과거 거래의 지불 실적 같은 증거가 있어야 신용할 수 있다. 신용 거래, 신용 조사 같은 말을 통해 그 의미를 알 수 있다.

그러나 신뢰는 다르다. 신뢰는 증거나 담보 없이 그 사람의 가능성을 믿는 것이다. 아들러 학파 카운슬러는 클라이언트를 아무런 근거 없이 믿는다. 증거나 실적이 없고 여러 번 기대에 어긋나더라도 그 사람의 가능성을 믿는다. 이것이 상호 신뢰다.

만약 카운슬러와 클라이언트 사이에 상호 존경과 상호 신뢰가 없다면 어떻게 될까? 카운슬러의 말이 합리적이고 그 조언이 클라이언트에게 도움이 된다 해도 클라이언트는 조언을 거부하고 카운슬러를 찾지 않을 것이다. 상호 존경과 상호 신뢰는 카운슬러와 클라이언트의 커뮤니케이션에 토대가 된다.

또한 이것은 카운슬러와 클라이언트의 경우에만 국한되지 않는다. 직장인에게도 해당되는 이야기다. 상호 존경과 상호 신뢰가 이뤄지지 않으면 아무리 내 말이 합리적이고 타당해도 상대는 그 말을 거부하고 멀어진다. 직장 커뮤니케이션에서도 상호 존경과 상호 신뢰는 필수다.

그러나 우리가 일하는 직장은 카운슬링 현장과 다르다. 기업은 존속을 목적으로 하는 지연, 혈연의 게마인샤프트(Gemeinschaft, 공동 사회)가 아니라 영리를 추구하는 게젤샤프트(Gesellschaft, 이익 사회)다. 그래서 모든 거래를 증거가 없는 신뢰로 처리할 수 없다. 증거와 담보를 요하는 신용을 전제로 거래가 이뤄진다.

한편 비즈니스 현장의 최전선에서 일하는 사람들 사이에는 이와 다른 논리가 작용한다. 인간관계와 커뮤니케이션에서는 증거나 담보가 필요한 신용이 아니라 신뢰를 바탕으로 해야 한다. 예를 들면 지금은 서툴지만 언젠가 잘할 수 있다고 상대의 가능성을 믿는 것이 커뮤니케이션에 유리하다. 상대가 지금 문제 행동을 하더라도 '옳은 방식을 모를 뿐이다, 동기는 순수하니까 방식만 배우면 잘할 수 있다'고 그 가능성을 믿어 주는 것이다.

기업 간의 거래에서는 신용을 매개로 의사 결정이 이뤄지는 반면, 직장의 최전선에서 일하는 개인 간의 커뮤니케이션에서는 신뢰를 바탕으로 상대의 가능성을 믿어야 한다. 언뜻 모순되어 보이는 이 두 가지를 양립해 가는 것이 기업 조직에서 좋은 커뮤니케이션을 실현하는 요령이다. 그러므로 2장에서는 개인 간에 이뤄지는 직장 커뮤니케이션의 토대인 상호 존경 및 상호 신뢰 관계를 실천하기 위한 구체적인 기술을 소개한다.

  아들러 심리학의 사고방식은 '순혈주의'이지만 수단 면에서는 유연하게 '혼혈주의'를 택하고 있다. 이 책에서도 아들러 심리학과 친화성이 높다면 다른 학파의 기술도 적극 활용했다. 이제 적당한 거리감의 커뮤니케이션을 하는 데 필요한 상호 존경과 상호 신뢰를 쌓는 기술을 알아보자.

1
말하기 3, 듣기 7, 듣고 나서 말한다

(×) "나는 업무 매뉴얼을 개정하는 것이 좋다고 생각합니다."

(○) "여러분은 업무 매뉴얼에 대해 어떻게 생각하나요?"
(먼저 다른 사람들의 이야기를 듣고 나서)
"내 생각을 말해도 될까요?"

듣기의 중요성

말하는 것이 다른 사람에게 주는 선물이라고 생각한 적이 있었다. 그러나 아들러 심리학을 배운 후로는 그것이 잘못된 생각이란 사실을 알았다. 상호 존경과 상호 신뢰를 위해서는 말하기보다 듣기가 중요하다.

사람들은 커뮤니케이션을 '말하는 행위'로 착각하곤 한다. 주위를 둘러봐도 말하기 교실은 있지만 듣기 교실은 없다. 커뮤니케이션은 말하는 것이라고 착각하는 세상 분위기를 대변하는 증거다. 우리는 어지간히 의식하지 않는 한 말하는 데만 주력하게 된다.

신은 인간에게 하나의 입과 두 개의 귀를 주었다. 이것은 말하는 것의 두 배로 들으라는, 지극히 풍부한 암시를 담은 메시지다. 그래서 나는 항상 말하는 분량을 수치화하면서 대화하려고 한다.

예컨대 팀 동료와 미팅을 한다고 하자. 미팅에서 자신이 말한 분량이 몇 %일지 생각해 보고 말한 것의 두 배를 듣는다. 즉 말한 분량이 전체의 3분의 1이 되는 것이다. 이렇게 하여 말하기 30%, 듣기는 그것의 두 배인 60~70%가 되도록 노력한다.

그러기 위해 가능한 한 자신의 말을 정확히 전달하려고 주의한다. 발언은 결론부터 간결하게. 질문은 장황하지 않게 한마디로. 그리고 내가 말하지 않아도 다른 사람이 말할 것 같은 화제에 대해서는 일부러 입을 다물어 의도적으로 말수를 줄인다.

이처럼 구체적으로 수치를 의식하자 예전에는 대화에서 70% 이상 떠들었던 나도 다른 사람의 이야기에 귀를 기울이게 되었다. 동시에 상호 존경이 가능해졌다.

컴퓨터를 보면서 들을 수는 없다

사람을 판단할 때 겉모습이 90% 이상 영향을 준다는 내용의 책이 베스트셀러가 되기도 했는데 커뮤니케이션에서도 겉모습이 중요하다. 이를 증명하는 유명한 가설이 있다.

캘리포니아대학교 로스앤젤레스 캠퍼스의 앨버트 메라비언 교수가 실험한 일명 '메라비언의 법칙'에 의하면, 사람이 말하는 언어 정보와 겉모습이나 표정 등의 시각 정보, 목소리 크기와 어투 등의 청각 정보 같은 비언어 정보가 모순될 경우 상대는 비언어 정보를 믿는다고 한다. 예를 들어 어떤 사람이 "나는 행복해요."라고 말하지만 표정이 어둡고 우울하며 목소리가 작고 힘이 없을 때, 말을 듣는 사람은 언어 정보보다 비언어 정보를 믿게 된다.

메라비언 교수의 실험 결과를 보면 상대에게 영향을 주는 비율이 언어 정보 7%, 시각 정보 55%, 청각 정보 38%라고 한다. 언어 정보보다 비언어 정보가 상대에게 큰 영향을 준다는 것을 알 수 있다. 그럼 우리는 이것을 어떻게 받아들이고 활용해야 할까?

만일 모니터를 보면서 다른 사람과 말하는 습관이 있다면 당장 그것부터 고쳐야 한다. 아무리 열심히 맞장구를 쳐도 마음이 다른 데 가 있는 것처럼 보이기 때문에 상대는 짜증이 날 것이다. 키보드에서 손을 떼고 상대를 향해 몸을 돌려 눈을 보고 말하자.

또 나는 앉아 있고 상대는 서 있다면 "이쪽에 앉으실래요?" 하고 자리를 권한다. 그 반대라면 "앉아도 될까요?" 하고 허락을 받은 다음 앉는다. 상호 존경 및 상호 신뢰 관계에서 물리적인 눈높이를 맞추는 것이 중요하다. 그럼으로써 상대에게 존경의 마음을 전할 수 있다.

그리고 말할 때 웃는 얼굴, 긍정의 끄덕임, 시선 맞추기를 의식한다. 물론 어투와 목소리 크기도 중요하다. 태도로 상대에 대한 관심을 나타내는 것이다. 말하면서 '상대에게 내가 어떻게 보이고 내

소리가 어떻게 들릴까' 스스로 확인해 볼 수 있다. 이렇게 하면 상대에 대한 관심과 존경을 전할 수 있다.

전달하려면 먼저 들어라

상호 존경의 기본인 '듣기'의 응용형 가운데 효과가 큰 방법이 하나 더 있다. 나는 직장 생활을 하면서 부서를 총괄하는 역할을 맡았기 때문에 메시지를 전달할 기회도 많았다. 듣기보다 말하는 상황이 많았던 것이다. 하지만 상호 존경의 관계를 쌓기 위해서도 '말하는 것의 두 배를 듣는다'를 실행해야 한다고 생각했다. 그래서 시작한 것이 전달해야 할 상황에서도 먼저 질문을 하는 방법이다.

예를 들어 업무 매뉴얼을 개선하도록 할 경우, 결론부터 전달하지 않고 막연히 주제를 던져 의견을 물어본다. 보통은 업무 매뉴얼을 개선해 달라고 간단하게 전달해도 되지만 나는 이렇게 시작한다.

"모두 업무 매뉴얼에 대해 어떻게 생각하는지 말해 줄래요?"

이렇게 직원들의 실제 감각, 온도감을 먼저 묻는다. 그리고 질문에 대한 의견 발표가 끝나면 이렇게 말한다.

"이번에는 내 생각을 말해 볼게요. 나는 매뉴얼을 개선하는 것이 좋다고 생각합니다. 왜냐하면……"

이때 앞서 들은 의견 가운데 개선해야 한다는 내용이 있었으면 "나도 여러분과 같은 의견입니다."라고 시작하면 된다. 만일 그런 의견이 없었다면 "나는 여러분과 조금 다른 관점을 갖고 있습니다."라고 말한다. 어느 쪽이든 자신의 의견이 전부인 양 전달하는 것이 아니라 다른 사람들의 의견을 듣고 그것을 토대로 전달하기 때문에 상호 존경의 마음을 표현할 수 있다.

2
의견과 질문을 삼가고 듣기에 집중한다

(×) "도움을 받았어요? 안 그랬으면 좋았을걸."

(○) "도움을 받았어요? 잘됐네요."

의견을 삼가고 듣기에 집중한다

막연히 듣는 것이 아니라 적극적으로 듣는 것을 '경청'이라고 한다. 경청할 때 흔히 하는 실수가 있는데, 그중 하나가 상대의 말이 끝나기도 전에 자신의 의견을 말하는 것이다. 적극적이라 하더라도 이래서는 경청이라고 할 수 없다.

"그런 말을 했어요? 그건 좋지 않은데…… 말 안 하는 게 나았을걸."

커뮤니케이션은 말을 공유하는 것이며 서로 이해하는 행위다. 그렇게 하려면 물론 내 의견도 중요하지만 상대의 의견을 충분히 들은 다음 자신의 의견을 밝혀야 한다. 상대가 아직 말하는 중이라면 끝까지 귀를 기울이는 데 집중해야 한다.

아들러 심리학에서는 지원응수(支援應需)라는 개념을 중시한다. 다른 사람이 요구하지 않으면 참견하지 않는 것이 대인관계에서도 필요하다. "그건 좋지 않은데…… 말 안 하는 게 나았을걸."이라는 조언은 상대가 물었을 때 해야 할 말이다. 묻지도 않았는데 자기 의견을 말하는 것은 원활한 커뮤니케이션을 저해한다.

또한 다른 사람이 조언을 구했더라도 아무 말이나 해서는 안 된다. "어떻게 생각해요?" 하고 물었을 때 있는 그대로 받아들여서 "그건 안 하는 게 좋았어요."라고 대답해 상대를 불쾌하게 만든 경험이 있지 않은가? "어떻게 생각해요?"라는 말의 이면에 숨어 있는 의미를 파악하지 못한 채 안 하는 게 좋았다고 단정 지어 말하면 커뮤니케이션이 되지 않는다.

다른 사람의 말을 가로막지 않고 듣는 역할에 충실하면 그런 실수를 하지 않는다. 더불어 상대의 마음에서 울리는 소리도 들을 수 있다면 상대를 불쾌하게 만드는 커뮤니케이션을 막아 주어 상호 존경, 상호 신뢰의 관계에 다가갈 수 있다.

말의 흐름을 끊는 질문을 삼간다

다른 사람이 말할 때 내가 제멋대로 의견을 밝히면 그로서는 이야기의 흐름을 방해받게 된다. 게다가 경청하는 데 필요한 질문이라도 질문을 던질 순간이나 방법이 잘못되면 역시 방해가 된다.

질문을 할 때는 듣는 역할인 나의 흐름을 버려야 한다. 예전에 나는 말하는 중인 사람이 아닌 내 페이스대로 질문을 던졌다.

"잠깐만요, 아까 한 얘기 다시 들려주세요."

"그때 누가 뭐라고 했나요? 구체적으로 알려 주세요."

한마디로 나는 신문기자였다. 기사를 쓰기 위해 마구 질문을 던지면 나 자신의 이해가 깊어져서 효율적으로 들을 수 있었다. 그러나 말하는 사람과의 상호 신뢰 형성에는 부정적으로 작용했다.

말하는 사람에게는 화자로서의 페이스와 흐름이 있는데 이는 듣는 사람이 예상하는 것과 다른 경우가 많다. 그래서 듣는 사람은 스트레스를 받고 자기 페이스나 흐름에 맞춰서 말해 주기를 바란다.

"그게 아니라 다른 이야기를 하라고!"

"머뭇거리지 말고 시원스럽게 말해 줘!"

그러나 듣는 사람이 자기 흐름대로 질문을 던져서는 안 된다. 마구 질문을 던지면 듣는 쪽의 페이스와 흐름을 실현할 수는 있지만 정작 중요한 화자의 흐름이 깨져서 좋은 이야기를 들을 수 없다. 그리고 무엇보다 상호 존경 및 상호 신뢰의 토대가 무너진다.

커뮤니케이션은 효율적으로 정보를 얻기 위한 행위만이 아니며 커뮤니케이션을 통해 상호 존경, 상호 신뢰를 쌓게 된다. 따라서 다른 사람의 말을 들을 때는 효율적으로 정보를 얻겠다는 생각을 버려야 한다. 또한 듣는 역할의 페이스와 순서를 버리고 상대의 흐름을 존중해 질문을 삼간다.

▼ 이야기의 내용과 상대의 기분을 말로 확인한다 ▲

적극적인 경청을 하고 싶다면 상대의 흐름을 끊는 의견이나 질문은 삼가고 대신 확인해 보는 것은 어떨까.

"잠깐 확인해도 될까요? 그건 이렇게 이해해도 되겠습니까?"

이처럼 상대로부터 들은 내용을 요약해 전달하면서 자신의 이해가 잘못되지는 않았는지 확인하는 것이다. 물론 이때 상대의 흐름을 끊지 않는 것이 중요하다. 아무리 확인이라 하더라도 상대의 말을 가로막지 않도록 적당한 때를 노려야 한다.

상대가 한 말을 요약해 확인하는 것은 내용만이 아니다. 한 차원 높은 기술로 상대의 기분을 추측해 확인하는 것도 효과적이다. 나의 추측이 상대의 기분과 맞아떨어졌을 때 진심으로 이해했구나 하는 공감대가 형성되어 상호 존경, 상호 신뢰로 이어진다.

"정말 기뻤겠어요."

"그런 일이 있었군요. 얼마나 실망이 컸을까……."

이런 식으로 상대의 기분을 미루어 짐작해 말로 확인해 본다. 이때 추측이 빗나가는 경우도 있다.

"아니, 그렇게 기쁘지는 않았어요. 당연하다고 느꼈죠."

이런 대답이 돌아올 수도 있다. 이때는 앵무새처럼 따라 말한다.

"당연하다고 느꼈군요."

추측이 빗나가더라도 이렇게 하면 서로 '말의 공유'가 깊어지고 이것이 상호 존경, 상호 신뢰로 이어진다.

3
일부러 막연하게 질문한다

(×) "그건 언제 누가 한 말이죠?"

(○) "네네, 그래서요?"

자신의 관심이 아니라 상대의 관심에 집중한다

경청은 필요한 정보를 효율적으로 얻는 기능 이상으로 상호 존경 및 상호 신뢰 관계의 구축에 효과적으로 작용한다. 상대의 말에 관심을 갖고 열심히 듣는다면 그 사람에 대한 존경의 마음이 전달된다.

예전에 리크루트 회사에서 구인 광고 영업을 한 적이 있다. 그때 유능한 영업 사원으로 불리는 사람들은 거의 대부분 상품을 팔지 않았다. 그들에게는 한 가지 공통점이 있었는데, 바로 다른 사람의 말을 경청한다는 것이었다. 클라이언트가 '이런 사람이 필요하다', '이런 회사로 하고 싶다'고 말하는 내용을 열심히 듣고 메모하면 클라이언트는 '이 사람이 나를 잘 이해하는구나' 하면서 신뢰를 갖고 계약해 주었다.

또 그들은 질문할 때 영업 맨으로서 자신에게 필요한 알고 싶은 정보에 대해서는 묻지 않았다. 우수한 영업 맨일수록 상대가 하려는 말, 예를 들면 클라이언트의 성공담이나 무용담에 관한 질문을 던져서 분위기를 띄웠다. 즉 자신의 관심이 아니라 상대의 관심에 집중하는 기술을 실천하고 있었다.

이것은 의사소통에 중요한 힌트가 된다. 데일 카네기의 《인간관계론》에 이런 내용이 있다.

"당시 나는 보트에 관심이 많았는데 그 남자와 보트에 관해 정말 신나게 이야기를 나누었다. 그 남자가 떠난 후 나는 숙모에게 정말 멋진 사람이다, 보트에도 관심이 아주 많다고 그에 대한 이야기를 했다. 그러자 숙모는 그가 뉴욕에서 온 변호사인데 보트에 대해서는 알지도 못하고 관심도 없는 사람이라고 가르쳐 주었다."

이렇게 나의 관심이 아닌 상대의 관심에 몰입하고, 자신이 듣고 싶은 것이 아니라 상대가 말하고 싶어 하는 것에 대해 질문한다. 이것이 상호 존경과 상호 신뢰의 구축에 효과적인 질문법이다.

특정 질문을 하지 않는다

다른 사람이 말하는 내용과 흐름을 존중할 때는 질문에 유의해야 한다. 나의 경우는 특정 질문보다는 가능한 한 막연하게 질문하려고 신경을 쓴다. 특정 질문을 하면 이야기의 내용이 한정될 수밖에 없고 내 페이스에 맞추게 된다. 그러나 막연한 질문을 던지면 상대가 답하는 범위가 넓어진다.

특정 질문은 '닫힌 질문'이다. 닫힌 질문일 때는 대답이 'Yes'나 'No'로 끝나 버리기 때문에 대화에 발전이 없다. 반면에 '열린 질문'은 대화가 계속 전개되도록 한다.

"그 후 병원에 갔어요?"

"네."

(닫힌 질문과 대답)

"그 후 어떻게 됐어요?"

"사실은 병원에 갔는데……."

(열린 질문과 대답)

이처럼 닫힌 질문은 특정 선택지를 제시하기 때문에 상대가 'Yes'나 'No'로만 답하게 된다. 반면에 열린 질문은 5W1H(언제, 어디서, 누가, 왜, 무엇을, 어떻게) 질문을 던지기 때문에 상대가 'Yes'나 'No' 이외로 대답해야 한다. 물론 전자의 답변 범위는 좁고 후자의 답변 범위는 넓다. 따라서 후자의 경우 말하기 쉬운 상태가 되므로 상대는 자신이 존중받는다는 느낌을 갖게 된다.

한편 열린 질문이라도 '언제, 어디서, 누가'를 상세하게 물어보면 답할 수 있는 범위가 좁아진다. 반면에 '발견의 물음표'라고 하는 '왜, 무엇을, 어떻게'는 범위가 넓은 질문으로 상대가 자유롭게 답할 확률도 높아진다.

"그런데 언제, 누가 그랬습니까?" 하고 상세히 묻는 대신 일부러 막연하게 물어보라. "음, 그래서 어떻게 했나요?" 하고 발견의 물음표를 사용하는 것이다. 좀 더 막연하게 질문하려면 '왜, 무엇을, 어떻게'도 생략한다. "그래서 어떻게 했나요?"가 아니라 "그래서요?" 하고 자유롭게 답할 수 있도록 질문한다.

어설픈 질문보다 맞장구와 되뇌기를 한다

가능한 한 상대의 이야기 흐름을 존중해 그가 자유롭게 화제를 선택하도록 범위를 넓히는 질문을 한다. 이것을 의식하면 결과적으로는 질문 자체가 자연스럽게 줄어든다. 즉 상대의 이야기 흐름을 끊는 질문을 하지 않고 듣기에 집중하게 되는 것이다. 그래서 상대의 이야기에만 관심을 보이고 맞장구와 앵무새처럼 되뇌기만

한다.

아들러 학파뿐 아니라 심리 카운슬러의 기술 가운데 가장 기본이 되는 것은 경청이다. 어설프게 요약하거나 질문하는 것보다 듣기에 열중한다. 맞장구를 치고 앵무새처럼 되뇌면서 철저히 듣는다.

"으음." "아하." "그렇군요." "그래서요?"
(맞장구)
"아, 병원에 갔군요." "아, 의사가 나왔군요."
(되뇌기)

보통은 질문을 던지고 싶은 대목이라도 꾹 참고 조언도 하지 않는다. 그것이 궁극의 경청이다.

그리고 침묵을 두려워하지 않는다. 상대가 말을 멈춰도 그 공백을 메우려 하지 말고 몇 초 동안 기다린다. 상대의 생각이 무르익고 무언가를 결단하는 중요한 시간을 방해해선 안 된다. 이런 카운슬링 기술을 응용하면 커뮤니케이션의 토대가 되는 상호 존경과 상호 신뢰를 구축할 수 있다.

4
상대의 기분을 완전히 이해할 수는 없다

(✕) "알아요. 나도 아버지가 돌아가셔서 잘 알아요."

(○) "아버지께서 돌아가셨군요. 얼마나 상심이 크시겠어요."

이해하지는 못해도 함께한다

동일본 대지진이 일어난 후 쓰레기 처리 봉사 활동으로 아오모리 현에 간 적이 있다. 작업 전 봉사단은 본부 담당자에게 이런 주의를 들었다.

"여러분에게 부탁하고 싶은 것이 있습니다. 선의에서라도 안다, 이해한다는 말은 하지 마세요. '부모님이 쓰나미에 돌아가셨냐, 나도 작년에 아버지가 돌아가셔서 안다', 이런 식의 말은 절대 삼가 주시기 바랍니다."

상대의 진짜 기분은 알 수 없다는 인식은 카운슬링에 꼭 필요한 자세다. 이해할 수 없다는 것을 알아야 한다. 이것이 상대에 대한 경의를 나타내는 것이다.

재해를 당한 사람뿐 아니라 다른 사람들도 마찬가지다. 사람들은 저마다 고통과 슬픔을 갖고 있는데, 그것은 오직 본인만이 알 수 있고 다른 무엇과도 비교할 수 없다. 그런데도 자신의 경험이나 척도에 맞춰 "알아요.", "그 정도는 별거 아니에요. 나는 더했어요." 하고 아는 척하는 실수를 저지르는 경우가 있다.

하지만 상대의 진짜 기분은 절대 알 수 없다. 자신의 과거 경험에 가깝더라도 그것을 말로 하지 않는 것이 상대에 대한 예의다. "알아요." "같은 경험을 했어요." 이것은 상대가 바라는 거리감이 아니다. 좀 더 거리를 두어 그 사람만의 공간을 중시하는 것이 상호 존경, 상호 신뢰의 구축에 중요하다.

나로 대치하지 말고 상대의 입장이 된다

어떻게 해야 공감을 할 수 있을까? 자신의 체험이나 척도에 맞추지 않고 어떻게 전달해야 공감이 될까? 아들러는 다음과 같이 힌트를 준다.

"공감이란 상대의 눈으로 보고, 상대의 귀로 듣고, 상대의 마음으로 느끼는 것이다."

그러나 우리는 이와 반대로 하는 실수를 저지르곤 한다. 자신의 눈으로 보고, 자신의 귀로 듣고, 자신의 마음으로 느끼는 것이다. 이렇게 해서 상대를 자신의 체험과 척도로 대치한다.

다른 사람의 말을 있는 그대로 받아들이고 음미하는 것, 이것이 바로 공감이다. 이 장의 주제인 경청은 단순히 듣기만 하는 것이 아니다. 클라이언트 중심 요법이라는 카운슬링 기법을 완성한 칼 로저스는 "경청에는 무조작의 긍정적 관심, 공감적 이해, 자기 일치의 자세가 필요하다."라고 말했다.

듣는 역할을 하는 사람이 상대의 말에 대해 일일이 자신의 체험이나 척도로 대치하고, 자신의 가치관으로 가려내어 옳고 그름을 판단하는 것은 경청이라고 할 수 없다. 알기 쉽게 말해 다음과 같이 해야 한다.

- 상대의 말을 있는 그대로 받아들이고 음미한다.
- 필터로 거르거나 평가하지 않는다.
- 따분하고 자신에게 의미 없는 이야기에도 흥미를 갖는다.

이것이 공감하는 태도로 듣는 방법이다. 이렇게 말하면 다음과 같은 질문이 돌아온다.

"상대가 말하는 내용에 동의한다면 당연히 공감할 수 있습니다. 하지만 도저히 공감할 수 없는 경우, 그 말을 도저히 납득할 수 없을 때는 어떻게 해야 합니까?"

상대의 말에 동의할 수 없을 때 어떻게 공감해야 할지 함께 생각해 보자.

동의할 수 없어도 공감은 가능하다

결론부터 말하면 동의할 수 없는 상황이라도 공감은 가능하다. 예를 들어 내가 내심 반대하는 의견을 다른 부서 사람이 언급했다고 가정하자.

"아무리 생각해도 영업은 제멋대로야. 엔지니어가 얼마나 힘든 줄 모르고 무리한 스케줄로 주문을 받아 오니 후공정인 우리는 난감해요."

만일 이 의견에 동의할 수 없다면 보통은 반대 의견을 말할 것이다.

"글쎄, 영업도 숫자 올리는 데 최선을 다하고 있으니 동료로서 어떤 식으로든 답을 해 줘야 한다고 생각하는데."

이것이 일반적인 반응이다. 한편 상호 존경, 상호 신뢰를 쌓는 공감을 하려면 어떻게 해야 할까? 동의할 수 없는 의견에 대해 어떻게 공감을 하는지 살펴보자.

"그렇군요. 엔지니어 쪽 스케줄이 빡빡해서 힘들겠어요."

"내가 그쪽 입장이라도 그렇게 느꼈을 거예요."

이것은 철저히 상대의 입장에서 발언하는 공감이다. 결코 자기 입장에서 하는 말이 아니다. 이런 공감은 자신의 의견이 아니다. "당신은 힘들다고 생각하는군요." 하고 상대의 기분을 앵무새처럼 확인하는 것에 불과하다. 그리고 이어서 이렇게 말한다.

"내가 그쪽 입장이라면 그렇게 생각할 수 있어요."

이것은 자신의 의견이 아니다. '만약 그 입장이라면'이라는 가정하에 상대의 기분을 추측해 같은 기분이 들 '가능성'을 말한 것뿐이다. "맞다! 영업이 심했다!" 하고 동의하는 것도 아니고, "나는 그렇게 생각하지 않아요." 하고 반대하는 것도 아니다.

상대의 입장에서 공감하는 것은 동의할 수 없는 상황에서도 사용할 수 있는 공감 기술이다.

5
"좋아요!" 하고 윙크를 보낸다

(×) "……." (무반응)

(○) "일하는 게 생기 넘치고 즐거워 보여요!"

상대를 보고 있다는 신호

상호 존경과 상호 신뢰를 구축하는 데는 다른 사람의 행위에 대해 부지런히 승인해 주는 것이 중요하다. 승인이란 '나는 당신을 보고 있다, 당신에게 관심이 있다'를 언어 및 비언어로 상대에게 전하는 행위다. 구체적으로는 "A 씨, 좋은 아침입니다!", "오늘도 수고하세요!" 하고 건네는 인사, 상대의 말에 대해 "좋은 의견입니다."라는 관심, "와우!", "역시!", "그래서?"와 같은 반응, 그리고 웃는 얼굴과 긍정의 끄덕임 등이다.

인간은 사회적 동물이라 어떤 형태로든 공동체에 귀속한다는 의식을 느끼지 못하면 살아갈 수가 없다. 그래서 중요한 것이 주위의 긍정적인 반응이며, 이를 심리학 용어로 '승인'이라고 한다.

아들러 심리학의 영향을 받고 이후 독자적인 이론과 교류 분석을 제언한 심리학자 에릭 번은 이 승인을 스트로크(stroke, 인식을 드러내는 행위)라 부르며 '마음의 영양'이라고 정의했다.

한편 일본인은 승인에 약하다. 정해진 대로 하는 것을 당연하게 여겨서 굳이 말할 필요가 없다고 생각한다. '호흡의 일치', '공기를 읽는 것'을 중시해 감정 표현에 서툰 일본인다운 습관인데, 아무리 마음속으로 다른 사람을 승인한다고 해도 말로 표현하지 않으면 절대 전해지지 않는다. 그러나 상호 존경, 상호 신뢰를 쌓는 커뮤니케이션을 의식하는 데는 일부러 기분을 말로 전하는 승인이 필요하다.

위에서 내려다보는 시선의 평가는 역효과를 불러일으킬 뿐이다

승인은 상호 존경, 상호 신뢰의 형성에 효과적이지만 자칫 범하기 쉬운 실수가 있다. 바로 상대를 평가하는 것으로, 평가에는 긍정적인 것과 부정적인 것이 있다. 그런데 승인을 긍정적인 말의 전달로 착각해 평가를 해 버리면 도리어 역효과가 나타난다.

"와, 꽤 잘하는걸!"

"괜찮은걸!"

"잘했어요!"

평가는 위에서 아래로 이뤄지는 행위로, 위의 예는 모두 위에서 내려다보는 시선으로 하는 말이다. 상사와 부하 사이에서 평가는 상사가 하는 일이다. 또한 평가는 성과에 대해 하는 것이 보통이다. 다시 말해 성과가 있으면 평가하고, 성과가 없으면 평가하지 않는다.

승인은 평가가 아니다. 성과가 있건 없건 상관없다. 다른 사람의 자세나 과정에 공감해 말을 건네는 것이 승인이다.

"일하는 모습이 생기 넘쳐요!"

"생각 많이 했군요. 재미있는 게 나올 것 같아 기대돼요!"

이처럼 결과에 관계없이 자세나 과정에 대해 언급하는 것이 승인이다.

평가는 공감과도 다르다. 공감은 대등한 눈높이에서의 시선이지만 평가는 위에서 내려다보는 시선이다. 즉 공감은 자신의 시점을 버리고 상대의 시점에서 느끼는 것이지만 평가는 명백히 자신의 시점에서 이뤄지는 행위다. 공감과 평가는 서로 완전히 반대라고 할 수 있을 만큼 다르다. 그런데도 우리는 승인을 평가로 착각하곤 한다. 따라서 둘의 차이를 잘 이해해 무의식중에 상대를 평가하지 않도록 해야 한다.

마음의 가솔린으로 용기를 준다

아들러 심리학은 '용기의 심리학'이라고도 한다. 용기는 어려움을 극복하게 해 주는 활력이므로 나는 이를 '마음의 가솔린'이라고 표현하기도 한다. 용기를 북돋아 주는 것은 고난을 극복할 수 있는 활력을 높이는 것으로, 다른 사람의 마음에 가솔린을 채워 주는 행위와 마찬가지이기 때문이다.

앞서 언급한 승인은 용기를 주는 것이지만 평가는 다르다. 승인과 용기는 거의 같은 범주에 속한다. 단, 용기를 북돋아 주는 데는 승인 이상으로 명확한 목적이 있다. 용기의 목적은 상대의 '자립'과 '자율'에 있다. 다시 말해 용기를 북돋아 주는 것은 다른 사람이 두 발로 서서 자신의 의사와 능력으로 스스로를 통제할 수 있도록 주위에서 해 주는 행위다.

아들러 심리학에서는 다른 사람에게 감사를 표시하는 것이 용기를 주는 가장 효과적인 방법이라고 본다. "감사합니다." 하고 말하는 것이다. 잘했다고 위에서 내려다보는 시선으로 평가하는 것이 아니라 '당신 덕에 살았다, 고맙다' 하고 용기를 북돋아 준다.

"인간은 자신이 누군가를 위해 공헌했다고 느낄 때 용기를 가질 수 있다."라고 아들러는 말한다. "고맙습니다.", "당신 덕분입니다."라는 말은 상대의 공헌에 대한 언급이다. 이런 말을 들은 사람은 자신에게 능력과 가치가 있다고 느낄 수 있다. 그래서 아들러 심리학을 배운 사람은 평가보다는 다른 사람의 용기를 북돋아 주는 것을 우선으로 한다.

상대의 작은 행동도 놓치지 않고 승인한다. 위에서 내려다보는 시선으로 평가하는 것이 아니라 옆에서 지켜보는 시선으로 공감한다. 다른 사람이 '나는 능력이 있다, 가치가 있다, 주위에 공헌할 수 있다'고 실감할 수 있도록 감사의 말로 용기를 북돋아 준다. 이런 것들은 커뮤니케이션의 밑거름이 되는 상호 존경과 상호 신뢰로 이어진다.

6
상대의 글러브를
향해 던진다

(✕) "주문서를 빨리 내주세요."

(○) "외주 업체가 더 빨리 납품해 주었으면 좋겠다고 생각하지 않아요?"

상대가 글러브를 낄 때까지 기다린다

커뮤니케이션은 흔히 캐치볼에 비유된다. 캐치볼을 할 때는 글러브가 필수다. 글러브를 끼지 않고 맨손으로 딱딱한 공을 받을 수는 없으니 상대가 글러브를 끼기도 전에 갑자기 공을 던져선 안 된다. 글러브를 끼지 않은 사람에게 공을 던지는 것은 관심 없는 이야기를 일방적으로 내뱉는 것과 같다. 예를 들면 이런 식이다.

"여러분, 주문서를 마감 전까지 내주세요. 매번 늦어서 아주 힘들어요."

이 말을 들은 사람은 글러브를 끼기도 전에 공이 날아왔기 때문에 제대로 받을 수 없다. '신경 쓰겠지만…… 저렇게 딱딱하게 말할 것 없지 않나?' 하고 흘려듣는 사람이 많을 것이다.

글러브를 끼지 않은 사람을 커뮤니케이션 용어로는 '리셉터(수용체)가 열리지 않았다'고 표현한다. 그리고 글러브를 끼는 것, 즉 듣는 자세를 만드는 것을 '리셉터를 연다'고 한다. 예를 들면 다음과 같다.

"외주 업체가 더 빨리 납품해 주면 좋겠다고 생각하지 않아요?"

그러면 모두 고개를 끄덕일 것이다. 그때 본론을 꺼낸다.

"사실 납품이 늦어지는 이유는 여러분의 주문서 제출이 늦기 때문입니다. 주문서를 빨리 내주면 외주 의뢰가 빨라지고 납품도 빨라질 거예요."

이런 순서로 말하는 것이다. 갑자기 이쪽의 요망을 전달하면 미처 귀를 열지 않은 상대에게 전해지지 않는다. 먼저 글러브를 끼게 한다. 상대의 관심이라는 리셉터를 열게 하는 것이다. 그런 다음 본론으로 들어간다.

상대가 들을 준비가 되어 있지 않은 상태에서는 아무리 말해도 전해지지 않는다. 말을 주고받는 캐치볼을 하기 위해서는 글러브를 껴서 리셉터를 열게 만든다.

▼ 상대가 받기 쉬운 높이로 공을 던진다

상대가 관심을 갖기 쉬운 화제를 선택해 리셉터라는 글러브를 끼웠으면 이제는 공을 던질 차례다. 이때 손이 닿지 않는 폭구나 받기 어려운 원바운드 공을 던지면 안 된다. 상대가 받기 쉬운 가슴 높이로 공을 던진다. 즉 상대가 이해하기 쉽게 말하는 것은 상호 존경, 상호 신뢰의 구축에 중요하다.

그러기 위해서는 먼저 자신의 기준을 버려야 한다. 나는 알지만 상대가 모르는 배경 정보나 전문 용어, 사내 용어는 되도록 쓰지 않는다. 그리고 필요하다면 배경 정보를 먼저 전달한 후에 본론으로 들어간다. 자신의 기준에서 말하지 말고 눈앞의 상대가 이해할 수 있도록 말한다. 이것이 바로 상대가 받기 쉬운 가슴 높이로 공을 던지는 것이다. 예를 살펴보자.

(×) "정시스랑 전화 회의 리스케줄이래."

(○) "정보 시스템부와의 전화 회의 스케줄이 변경되었대."

(×) "늘 그렇듯이 변덕이 원인인 모양이에요. 뭘 할 수가 없다니까."

(○) "미국 본사에서 갑자기 변경해서 그렇게 된 모양이에요."

그리고 상대가 던진 공을 다시 던지는 것은 상대의 화제에 대해 정면으로 정확히 답하는 것이다. 당연한 말 같지만 이것이 지켜지지 않는 경우가 의외로 많다. 상대의 공을 받아 상대가 기대하는 답을 돌려줘라.

> (×) "과장님이 다음 회의는 언제 한다고 했죠?"
> "그러고 보니 오늘 과장님 기분이 안 좋아 보였어요. 계속 찌푸린 얼굴이었어."
>
> (○) "과장님이 다음 회의는 언제 한다고 했죠?"
> "화요일 10시요. 그건 그렇고 오늘 과장님 기분이 안 좋아 보였어요."

이처럼 상대의 공을 정확히 받아 내고 상대가 기대하고 기다리는, 받기 쉬운 가슴 높이로 다시 던지는 것이 커뮤니케이션의 기본이다.

다음 화제를 자연스럽게 끼워 넣는다

대화는 다른 사람과 말을 주고받는 캐치볼이다. 따라서 서로 공을 계속 주고받는 것이 중요하다. 대화가 끊어지지 않도록 하는 것이다. 그러려면 다음 화제, 즉 단서를 대화에 자연스럽게 끼워 넣는 것이 예의다.

(×) "회의를 무슨 요일에 한댔지?"
"화요일입니다."
"……."

(○) "회의를 무슨 요일에 한댔지?"
"화요일이요. 사전 준비가 필요하댔죠?"
"응. 사전 보고서를 써야 하는데 무슨 주제로 할까……."
"전 아침 조례 활성화에 대해 쓸까 해요. 선배는요?"
"나는 신제품 판촉 계획에 대해 쓸까 봐. 신제품에 대해서는 어떻게 생각해?"

이처럼 상대의 질문에 대답하는 것은 물론이고 다음 화제의 단서를 자연스럽게 끼워 넣는다. 이렇게 함으로써 무리 없이 공을 주고받을 수 있다.

그런데 단서가 얼른 떠오르지 않을 때가 있다. 이런 경우에는 자신에 대해 이야기하거나 질문을 던지면 된다.

"회의는 화요일이에요. 저는 늘 회의 때 긴장돼요."
(자신에 대해 이야기한다)
"회의는 화요일이에요. 선배는 회의 전에 무슨 준비를 하나요?"
(질문을 던진다)

이처럼 부드럽게 대화가 이어지고 그 자체가 상호 존경, 상호 신뢰를 쌓게 되어 보다 좋은 커뮤니케이션의 토대를 만들 수 있다.

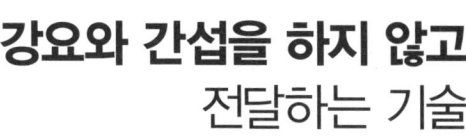

강요와 간섭을 하지 않고
전달하는 기술

직장 내 커뮤니케이션의 포인트는 적당한 거리감이다. 그런데 지나치게 가까운 커뮤니케이션의 대표적인 것으로 '강요'와 '간섭'이 있다. 이 장에서는 강요나 간섭을 하지 않고 말을 전달하는 기술에 대해 알아보자.

무심코 하게 되는 강요의 원인은 두 가지다. 첫 번째 원인은 2장에서 살펴본 '종적인 관계'다. 우리는 무의식중에 모든 일을 종적인 관계로 해석하는 경향이 있다. 즉 다른 사람과 자신의 의견을 비교해 상하, 우열, 승패, 옳고 그름을 따진다. 그리고 많은 경우 자신이 위이고 뛰어나며 옳다고 생각한다. 당연히 다른 사람은 부족하며 틀렸다고 여기는데 여기서 강요가 생겨난다.

두 번째 원인은 '일치'시키려고 하는 데 있다. 우리는 저마다 태어나고 자란 환경이 다르기 때문에 모든 것에서 생각이 일치할 리 없는데 그것을 억지로 일치시키려 하기 때문에 커뮤니케이션이 제대로 이뤄지지 않는다. 그러므로 어떤 의미에서는 긍정적인 포기가 필요하다.

일본 국민 교육의 아버지로 불리는 철학자 모리 신조는 부부에 대해 이렇게 말했다. "부부란 완전히 포개지지 않는 두 개의 원이다." 서로 이해하는 부분도 있지만 이해하지 못하는 부분도 반드시 있다. 그리고 그것은 아무리 대화를 해도 겹쳐지지 않는데 그 나름대로 나쁘지 않다는 의미일 것이다.

부부나 부모와 자식 사이에서도 완전히 포개어지지 않는 원을 직장 동료라는 타인과 겹치려 하는 것은 무리다. 이 점을 이해하는 것이 중요하다. 그런데도 일치시키려고 하는 데는 두 가지 이유가 있다.

첫 번째는 상대를 신뢰하지 않기 때문이다. 그 사람의 능력과 가치를 신뢰하지 않으니 걱정이 되고 괜한 간섭을 하게 된다. 1장에서 언급했듯이 신뢰와 신용은 다르다. 신용은 증거나 담보가 있어야 비로소 성립된다. 바꿔 말해 증거와 담보가 없으면 믿을 수 없다.

반면에 신뢰는 아무 근거 없이 그 사람의 가능성을 믿는 것이다. 여러 번 기대에 어긋나고 아무런 증거가 없어도 '당신이라면 언젠가 분명히 할 수 있다', '지금 안 되는 것은 방법을 모르기 때문이다, 방법만 알면 할 수 있다' 하고 믿어 준다. 하지만 이것이 불가능할 때 간섭을 하게 된다. 저 사람 혼자서는 아무것도 할 수 없다. 내버려 두면 실수할 것이 뻔하니 내가 도와주고 가르쳐 줘야 한다. 내가 간섭하지 않으면 큰코다친다. 이렇게 생각하는 것이다.

다른 사람을 나와 일치시키려 하는 두 번째 이유는 '자기만족'이다. 아들러 심리학에서는 간섭을, 다른 사람이 나에게 의존하게 만들어 '나 없이는 아무것도 할 수 없음'을 증명하기 위한 것이라고 생각한다. 즉 상대를 무능한 인간으로 단정하고 그런 인간을 도와주는 자신은 뛰어나며 훌륭하다고 자기만족에 빠져서 그렇게 하기 위해 간섭을 하는 것이다.

이런 간섭의 정체를 깨닫게 되면 상대를 위한 일이 아님을 알 수 있다. 간섭은 상대를 무능한 인간으로 간주해 그 가능성을 믿지 않고, 또 나는 뛰어난 인간이라고 자화자찬하기 위한 행위이기 때문이다.

이런 강요나 간섭의 커뮤니케이션이 되지 않도록 하려면 어떻게 해야 할까?

1
쿠션 화법으로 거리를 둔다

(×) "내일 미팅합시다."

(○) "갑자기 말해서 미안합니다. 오늘이나 내일 미팅 가능할까요?"

단정을 질문 형태로 바꾼다

스케줄을 정할 때 갑자기 상대에게 "내일 미팅하죠."라고 말해 그의 기분을 언짢게 만든 적이 있는가? 이런 경우 상대는 '나도 사정이 있는데 왜 당신 스케줄에만 맞추는 거야!'라는 생각이 들 것이다.

한편 스케줄을 바꾸자고 말한 나에게는 악의가 없다. 내 스케줄에 억지로 맞추라고 말한 것이 아니기 때문이다. '먼저 말해 보자. 그렇지 않으면 검토할 방법이 없다. 시간이 안 맞으면 어쩔 수 없지만 일단 내 스케줄을 말해 보자.' 이런 강한 의지가 아니라 가볍게 꺼낸 말인 경우가 대부분이다. 하지만 그런 가벼운 말이 오해를 부른다. 자기 사정을 우선으로 한다, 지시하는 어투다, 강요 같다, 이렇게 받아들이는 것이다.

그럼 어떻게 해야 할까? 방법은 간단하다. 질문 형태로 바꾸면 된다. "내일 미팅하죠." 대신 "내일 미팅을 해도 괜찮겠습니까?" 하고 질문을 던진다.

단정을 질문으로 변환하면 인상이 부드러워진다. 이런 식의 화법을 '쿠션 화법'이라고 하는데 그 기본 중 하나가 질문 형태로 바꾸는 것이다. 질문으로 바꾸면 단정이 아니라 상대에게 선택할 수 있는 여지를 주어 주체성을 존중하게 된다. 간단한 기술이니 활용해 보자.

한마디 더하기

적당한 거리감을 유지시키는 쿠션 화법의 방법에는 질문 형태 외에 '한마디 더하기'가 있다. 상대가 고객이냐 직장 동료이냐에 따라 어투는 달라지겠지만 한마디를 더하는 것에는 변함이 없다. 가령 이런 식이다.

"죄송합니다만……."

"제 생각을 말씀드리면……."

"번거로우시겠지만……."

"폐를 끼쳐서 죄송한데……."

"어렵게 오셨는데……."

"제가 한 말씀 드리면……."

이처럼 한마디를 더하고 나서 질문 형태로 말하면 된다.

"죄송한데 내일 시간 괜찮으세요?"

"내일 미팅하죠."

비교해 보면 두 경우의 거리감이 다르다는 것을 알 수 있다.

단정을 피하고 완곡하게 전달한다

단정하지 않고 완곡하게 전달하는 것도 효과적인 쿠션 화법이다. '이 방안이 괜찮다'고 단정하지 않고 '이 방안이 괜찮아 보인다'고 완곡하게 전달하는 것이다. 예를 들면 다음과 같다.

"······일 수도 있습니다."

"······라는 방법도 있습니다."

"······라는 생각도 있을 수 있습니다."

완곡한 표현에도 한마디 더하기가 효과적이다.

"어쩌면 ······일 수도 있습니다."

"경우에 따라서는 ······라는 방법도 있습니다."

앞의 질문형에 더해 사용하면 넓은 범위를 아우를 수 있다.

아랫사람에게 경의를 표한다

"번거롭지만 ……해 주시겠어요?"

"갑자기 말해서 죄송한데 ……해 줄 수 있을까요?"

"어쩌면 ……일지도 모릅니다."

"경우에 따라서는 ……라는 방법도 있습니다."

이런 쿠션 화법은 고객은 물론이거니와 직장 상사나 선배에게도 비교적 능숙하게 쓸 수 있다. 하지만 나이나 직위가 자기보다 아래인 후배나 부하 직원에게 이렇게 말하는 사람은 거의 없다.

아들러 심리학에서는 상호 존경과 상호 신뢰를 커뮤니케이션의 기본으로 생각한다. 역할의 상하는 있어도 인간으로서의 존엄성은 동일하다. 이는 후배나 부하 직원에 대해서도 마찬가지다. 하지만 흔히 우리는 그렇게까지 하지 않아도 된다고 여기며 무시해 버린다.

내가 존경하는 경영자들은 대부분 후배나 부하 직원에게도 정중하게 말하고 쿠션 화법을 사용한다. 양자의 관계가 가까울수록 정중함이 다소 무너지더라도 본질은 바뀌지 않는다.

"바쁜데 미안해. 좀 도와줄 수 있을까?"

많은 사람이 사용하지 않기 때문에 쿠션 화법은 후배나 부하 직원에게 더 효과적일 수 있다. 강요 없이 전달하는 기술인 쿠션 화법은 모든 사람들에게 효과적이니 적극 활용하자.

2
말참견은
약하게, 적게

(×) "사흘 내로 입금해 주세요."

(○) "바쁘시겠지만 언제쯤 입금 가능할까요? 일주일 내로 될까요?"

커뮤니케이션의 80%는 '요청'

한 조사에 따르면 커뮤니케이션의 80%는 요청이라고 한다. 직장 내 커뮤니케이션도 마찬가지다. 우리가 누군가와 커뮤니케이션을 할 때 대개는 자신이 필요로 하는 무언가를 요청하는 경우가 많다. 그리고 이때 강요와 간섭이 발생한다.

강요나 간섭을 할 때 대부분은 말참견이 많거나 그 강도가 강하거나 둘 중 하나다. 강하면 강요가 되고, 많으면 간섭이 된다. 따라서 강요나 간섭 없이 적당한 거리감으로 상대에게 요청을 전달하기 위해서는 말참견을 '적게', 그리고 그 강도를 '약하게' 하는 것이 중요하다.

말참견을 약하게, 적게 하는 방법

직장에서 동료에게 일을 의뢰할 때 강하게 말하지 않기 위해서는 DESC 방법이 효과적이다. DESC는 다음과 같은 의미를 지닌 머리글자다.

Describe(객관적으로 묘사한다)

Express(주관을 표명한다), **E**mpathize(상대에게 공감한다)

Specify(구체적으로 제안한다)

Choose(대안을 제시한다)

그렇다면 객관적으로 입금을 독촉하는 예를 살펴보자.

- 객관적으로 묘사한다.

    "금일 15시 시점에 폐사의 은행 계좌에 아직 귀하의 입금이 확인되지 않습니다."

→ 여기서 포인트는 객관성이다. 숫자와 구체적인 사실을 나열하고 어투는 약하게 하면서도 설득력을 높인다.

- 주관을 표명한다.

    "그래서 당사는 수속을 진행할 수 없어 난처합니다."

→ 주관 표명은 경미하게 마무리해 상대에 대한 비난이나 강한 요청 같은 강요나 간섭의 코멘트를 하지 않는 것이 중요하다.

- 상대에게 공감한다.

    "업무가 바빠 시간을 내기 어렵겠지만……."

→ 상대에 대한 이해와 공감을 나타내는 것이며 강요하지 않고 적당한 거리를 유지한다.

- 구체적으로 제안한다.

    "3일 이내로 입금이 가능할까요?"

→ 제안은 숫자를 섞어 구체적으로 하는 것이 중요하다. 단정적인 어미가 아니라 완곡하게 질문형으로 하는 것이 효과적이다.

- 대안을 제시한다.

    "만일 어렵다면 일주일 이내는 괜찮겠습니까?"

→ 강요가 되지 않도록 양보안을 제시해 적당한 거리를 유지한다.

DESC 방법은 다양하게 활용할 수 있다. DESC를 차례대로 틀에 맞게 사용할 수도 있지만, 공감을 잊지 않도록 주의하거나 대안을 제시하는 등의 셀프 체크리스트로도 사용할 수 있다.

일본의 전통 예능에서는 '수(守)·파(破)·리(離)'의 단계를 중시하는데 거기에 따르면 된다. 먼저 갓 기억한 초기에는 수(守), 즉 틀과 본보기를 그대로 따라 한다. 다음으로 어느 정도 틀을 기억했으면 파(破), 즉 조금 즉흥적인 대사를 더한다. 그리고 마지막은 리(離)로 틀에서 벗어나 독자적인 경지에 도달한다.

이 '수·파·리'의 순서를 지키면 '색다른' 존재가 될 수 있지만, 수(守)의 단계를 거치지 않고 처음부터 자기 방식대로 하면 '형편없는' 존재가 되어 버린다. 의뢰의 강도를 약하게 하고 강요 없는 커뮤니케이션을 실천할 때 DESC 방법은 효과적인 기술이다.

'무엇을'은 요청하고 '어떻게'는 맡긴다

다음으로 의뢰의 양을 줄이는 방법, 즉 간섭을 막는 방법을 알아보자. 간섭의 경우에는 대개 이런 불필요한 말참견을 하게 된다.

"고객이 의뢰하면 먼저 이 시스템에 입력하세요. 그때 이 부분을 자주 실수하니까 주의하세요. 그리고 가능하면 공책에 같은 내용을 기입해 놓고 나중에 확인해야 실수를 줄일 수 있어요. 참고로 나는 이런 공책을 만들어서……."

이처럼 끝도 없이 이것저것 간섭을 하는 것이다. 많은 경우 간섭은 친절에서 시작된다. 그러나 아들러 심리학에서는 간섭이 자기만족을 위한 행위이며, 다른 사람을 신뢰하지 않는다는 증거라고 생각한다.

자기만족을 버리고 상대의 가능성을 믿어야 한다. "잘할 수 있어요." "자기 힘으로 방법을 찾을 수 있을 거예요." 이렇게 믿고 불필요한 말참견을 줄인다. 이때 '무엇을'은 요청하되 '어떻게'는 상대에게 맡긴다. 다시 말해 '어떻게'에 대해서는 말참견을 하지 않는다. 앞의 예에서는 '무엇을'은 물론이고 '어떻게'까지 세세히 간섭했는데, 그렇게 하지 말고 다음과 같이 해 보면 어떨까.

"고객이 의뢰하면 이 시스템에 입력하세요. 실수하지 않도록 어떤 방법을 써야 할지 직접 생각해 보세요. 모르면 언제든 물어봐요. 잘 부탁해요!"

이것이 상대를 신뢰하고 나에게 의존하지 않도록 하면서 자기만족에 빠지지 않는 방법이다.

남이 가르쳐 준 내용은 한쪽 귀로 듣고 한쪽 귀로 흘려버리게 되지만, 스스로 궁리해 시행착오를 거치면서 알게 된 것은 절대 잊어버리지 않는다. 그리고 그 횟수가 자신감이 되고 응용력으로 이어진다. 한편 간섭을 하는 것은 그 성장의 기회를 잘라 내는 것과 같다.

　말참견을 약하게 하려면 DESC 방법을 활용하고, 말참견을 줄이려면 '무엇을'은 요청하되 '어떻게'는 상대에게 맡긴다. 이는 적당한 거리를 유지하는 커뮤니케이션에서 반드시 필요한 기술이다.

3
답을 말하지 않고 암시한다

(×) "실수하지 않도록 공책에 적으세요."

(○) "실수하지 않도록 전임자는 공책을 사용한 것 같아요."

사실과 주관에 관한 피드백에서 멈춘다

강요나 간섭에는 공통된 행동이 있다. 바로 상대에게 답을 말해 준다는 것이다. 무엇을 달성해야 하는지에 그치지 않고 어떻게 하면 되는지까지 가르쳐 준다. 그럼으로써 상대의 의욕을 떨어뜨리고 배움과 깨달음의 기회를 빼앗아 버린다.

그렇다면 답을 말하는 대신 어떻게 해야 할까? 이때 힌트가 되는 것이 5단계 피드백이다. 피드백이란 바람직한 자세, 즉 목표와 현재와의 괴리를 알려 주는 것이다. 예를 들면 표적을 향해 대포를 발사한 사람에게 북쪽으로 2미터 벗어났다고 알려 주는 것이 피드백이다.

우리는 직장에서 일상적으로 피드백을 사용하는데 피드백에는 다음과 같은 5단계가 있다.

- 1단계는 '사실'에 관한 피드백이다. 대포 발사의 경우를 예로 들자면 "2미터 벗어났다."라고 사실만 전달하는 것이다.
- 2단계는 '주관'에 관한 피드백이다. "2미터 벗어났다. 아쉽다." 하는 정도를 말한다.

- 3단계는 '평가'에 관한 피드백이다. "2미터 벗어났다. 아쉽다. 뭐, 합격점이다." 하고 상대를 평가한다.
- 4단계는 '제안'에 관한 피드백이다. "2미터 벗어났다. 아쉽다. 뭐, 합격점이다. 포대를 오른쪽으로 1센티미터 옮기면 된다." 이렇게 답을 제시하고 따르게 한다.
- 5단계는 '명령'이다. "포대를 오른쪽으로 1센티 이동해!" 이렇게 답을 강제한다.

이러한 5단계 피드백은 단계가 올라갈수록 강요와 간섭이 된다. 따라서 강요와 간섭이 없는 커뮤니케이션을 하려면 1, 2단계의 '사실'과 '주관'에 관한 피드백에서 멈추는 것이 좋다.

질문과 되묻기를 효과적으로 사용한다

질문도 효과적이다. 2단계 피드백에서 멈추고 질문을 붙이는데, 대포 발사를 예로 들면 "북쪽으로 2미터 벗어났다. 아쉽다."라는 피드백에 이렇게 질문을 더한다.

"어떻게 해야 표적에 명중할 수 있을까?"

이처럼 질문을 던짐으로써 상대의 머릿속을 공백으로 만들고 그것을 메우고 싶다는 욕구를 자극한다.

우리는 강요받은 답은 금방 잊어버린다. 또한 남이 강요한 답으로 성공한 경우에는 그다지 기쁘지 않고, 남이 강요한 답 때문에 실패하면 반성하지 않는다. 반면에 자신이 시행착오를 겪으면서 발견한 답은 절대 잊어버리지 않으며, 그 덕분에 성공하면 기뻐하고 실패하면 반성하게 된다. 다시 말해 경험이 깨달음과 동기 부여로 이어진다.

이것을 도와주는 것이 바로 질문이다. 이는 강요나 간섭 없이 그리고 적극적으로 다른 사람의 문제 해결을 지원하는 방법이다. 따라서 넌지시 비추는 암시에 해당하는 1단계와 2단계 피드백에 질문을 더하는 기술을 익히면 된다.

질문 기술은 기본적으로 '왜, 무엇을, 어떻게'라는 5W1H를 사용하는 열린 질문이 중심이 된다. 그러나 "공책을 사용해 볼래요?"라는 닫힌 질문은 답을 제시하는 셈이기 때문에 상대의 자발성을 상실시키고 생각하지 않게 만든다.

만일 질문하기 전에 상대로부터 질문을 받는다면 어떻게 해야 할까? 후배가 "선배, 이럴 때는 어떻게 해야 하죠?"라고 질문을 했다면 나의 경우에는 당당히 되묻기를 한다.

"자네는 어떻게 생각해?"

그리고 후배가 "내 생각은 이래요." 하고 의견을 말한 다음 조언을 해 준다. 이처럼 질문 기술을 사용하면 강요나 간섭이 사라진다. 이는 앞의 5단계 피드백에 필적하는 효과적인 기술이다.

피드백이 아니라 피드포워드

마지막으로 피드포워드(feed forward)에 대해 알아보자. 피드백이 '과거의 결과'에 대한 언급이라면 피드포워드는 '미래에 대한 예측'이다. 잉크 배합을 예로 들면, 결과가 나온 후에 "검은색이 2킬로그램 부족하다."라고 말하는 것이 피드백이다. 반면에 피드포워드는 잉크 배합 도중에 "이대로라면 검은색이 부족할 것 같다."라고 미래에 대한 예측을 말하는 것이다.

이것도 일종의 암시다. 단, 그것을 받아들일지 말지는 상대의 판단에 맡긴다. 절대 강제적인 강요가 아니다. 암시로 피드포워드를 받은 쪽은 그 의견을 받아들일지 말지 스스로 생각하고 자신의 책임하에 결정한다. 그렇기 때문에 거기에 깨달음과 배움이 있고, 책임감을 느낄 수 있으며, 나아가 새로운 의욕으로 이어진다.

강요와 간섭을 피하기 위해 5단계 피드백에서는 낮은 단계에서 멈출 것, 거기에 질문 기술을 더할 것, 그리고 피드포워드라는 암시를 사용할 것, 이 모든 것들을 통해 상호 존경과 상호 신뢰를 구축하게 된다. 내가 정하는 대신 상대가 결정하게 하는 것이 상대를 존경하는 자세다.

4
주어를 '나'로 하는 메시지는 만능 기술

(×) "미리 전화하는 게 당연하지!"

(○) "미리 전화해 주면 좋을 텐데."

주어를 누구로 하느냐에 따른 차이

아들러 학파의 카운슬링과 코칭에 사용되는 기술 가운데 심리학자 토머스 고든이 처음으로 제안한 'I 메시지'가 있다. I는 '나'를 가리키므로 I 메시지는 "나는 ……라고 생각한다."와 같이 주어를 '나'로 하는 문장이다. 'You 메시지'는 이와 반대다. "당신은 ……이다."와 같이 '당신'이 주어가 된다.

'I 메시지'와 'You 메시지'의 차이

You 메시지	I 메시지
위에서 내려다보는 시선	옆에서 지켜보는 시선
이성적	정서적
객관적	주관적
단정적	선택의 여지가 있음

I 메시지와 You 메시지는 차이가 작은 것 같지만 상대에게 주는 느낌이 크게 다르다. 예를 들어 다른 사람에게 의견을 말하는 경

우를 살펴보자.

"당신이 미리 전화하는 게 당연해요."

(You 메시지)

"나야 미리 전화를 받는 게 좋죠."

(I 메시지)

두 문장에서 받는 느낌이 다르다는 것을 알 수 있다.

You 메시지는 이성적, 단정적이며 위에서 내려다보는 시선이다. 반면에 I 메시지는 정서적으로, 완곡하게, 옆에서 지켜보는 시선이다. 이처럼 주어만 바꿔도 인상이 달라진다. 강요나 간섭을 하지 않는 적당한 거리감의 커뮤니케이션을 실현하고 싶다면 I 메시지를 꼭 기억하기 바란다.

◤ 사용하기 쉬운 만능 스킬 ◢

5단계 피드백의 암시와 I 메시지의 암시는 어떻게 다를까? "미리 전화해 주면 좋을 텐데."라는 I 메시지를 5단계 피드백에 적용하면 2단계 '주관'에 관한 피드백과 4단계 '제안'에 관한 피드백의 중간쯤에 위치할 것이다. 따라서 자연스럽게 적당한 암시가 되고 강요나 간섭으로 나아가지 않는다.

I 메시지는 긍정적인 기쁨을 전달하는 것뿐만 아니라 부정적인 슬픔과 고통을 전달할 때도 효과적이다. 예를 들어 You 메시지로 전달하면 강요가 되는 내용도 I 메시지로 전환하면 이렇게 달라진다.

"당신은 전화해 주지 않았어. 냉정한 사람이야!"
(You 메시지)
"나는 전화를 못 받아서 정말 서운했어."
(I 메시지)

I 메시지는 긍정적인 감정은 물론이고 부정적인 감정을 전달할 때도 적당한 거리감을 유지하게 해 주는 만능 스킬이다. 그러니 다양한 상황에서 I 메시지를 사용해 보자.

'……해 주면 좋을 텐데'로 일석이조를 노린다

주어를 '나'로 하는 I 메시지는 다른 기술과 잘 어울리기 때문에 조합해서 사용하면 효과적이다. 예를 들어 1장에서 다룬 용기를 북돋아 주는 기술과 함께 활용해 보자.

다른 사람에게 용기를 주는 것은 평가가 아니라, 그가 '나는 능력이 있고 내 힘으로 문제를 해결할 수 있다', '내 자리가 있다'고 느끼도록 말해 주는 것이다. 그런 대표적인 말이 "고맙다.", "당신 덕분이다."라는 감사의 말이다. 그럼 용기를 북돋아 주는 것과 '나'를 주어로 하는 I 메시지를 조합해 보자.

"나는 당신 덕분에 살았어. 정말 고맙다!"
(용기 + I 메시지)
"너, 생각보다 잘하는걸!"
(평가 + You 메시지)

평가와 You 메시지로 표현했을 때와 비교해 보면 그 차이를 확연히 느낄 수 있다.

5
현재 상태가 아니라
바라는 모습을 제시한다

(×) "이게 문제야! 여기도 안 되어 있잖아!"

(○) "이런 식으로 하면 좋은데. 자, 방법을 생각해 보자!"

지도할 때 무엇을 지적할까

부하 직원이나 후배에게 일을 가르치는 것을 '지도'라고 말하기도 한다. 지도(指導)는 글자 그대로 '손가락으로 가리키다, 이끌다'라는 의미를 지니고 있다. 그런데 무엇을 지적하고 어디로 이끄는 것이 지도일까?

예전에 내가 했던 지도는 한마디로 문제 지적이었다. "그 부분이 잘못되었다. 이것도 틀렸다."라고 부족한 부분을 하나하나 지적하면서 실수한 것을 언급했다. 그러면 부하 직원이나 후배는 곧바로 어깨를 떨어뜨리고 우울해했다. 그리고 나와의 신뢰 관계도 무너져서 커뮤니케이션이 단절되었다. 그때 나는 어렴풋하게나마 방법이 잘못되었다는 것을 느꼈다. 하지만 어떻게 해야 되는지 답을 알지 못한 채 지도라는 명목하에 문제 지적만 계속했다.

그러던 어느 날 후배를 지도하는 한 선배의 모습을 보고 깨닫게 되었다. 아랫사람들이 존경하던 그 선배는 문제 지적을 거의 하지 않았다. 대신 "이렇게 하면 잘될 거야.", "이런 식으로 하면 좋겠어."라며 이상과 비전을 제시했다. 나는 그 차이와 효과에 크게 놀랐다.

내가 지적한 것은 현상의 문제점이었고 선배는 미래의 이상과 비전을 언급했다. 내가 문제에 대해 말할수록 부하 직원이나 후배의 표정이 어두워졌지만 선배의 말을 들은 사람들은 얼굴이 차츰 밝아졌다.

지도란 현상의 문제를 지적하는 것이 아니라 미래의 이상과 비전을 제시하는 것이다. 이것을 깨달은 나는 나 자신의 밝은 미래를 발견한 것 같아서 마음이 가벼워졌다.

발밑을 가리키면 자기 정당화가 나타난다

이상과 비전을 보여 주면 긍정적인 상상을 하게 되어 표정도 밝아진다. 그러나 현상의 문제를 지적하면 부정적인 이미지가 떠올라 표정이 어두워질 수밖에 없다. 이게 다가 아니다. 현상의 문제를 지적하면 지적당한 사람을 질책을 받았다고 느껴서 필사적으로 자신을 지키려고 한다.

"나는 잘못이 없어요. 시간이 부족해서 어쩔 수 없었어요. 시간만 있었으면 할 수 있었겠죠."

"내 잘못이 아니에요. 애당초 상사가 설정한 목표가 너무 높았어요. 그 목표는 다른 사람도 달성할 수 없었을 거예요."

이처럼 자기 정당화라는 변명으로 자신을 지키려고 한다. 하지만 이런 변명을 들으면 지도하는 사람으로서는 화가 난다.

"솔직히 반성하면 될 것을 왜 그런 변명을 해!"

이런 식으로 반응하면서 더욱 질책하는 어투가 된다. 그럼 더더욱 자신을 지키기 위해 변명하고…… 이런 악순환 속에서는 상호 존경, 상호 신뢰를 찾아볼 수 없으며 도리어 상호 불신만 불러일으킬 뿐이다. 현상의 문제를 지적하면 이와 같은 결말을 초래한다.

▌이상을 제시한 다음에는 해결책에 초점을 맞춘다

나는 올바른 지도법을 보여 준 선배의 방식을 그대로 따라 해 보았다. 그런데 생각만큼 쉽지 않았다. 선배처럼 미래의 이상과 비전을 제시하는 것까지는 좋았는데 그것만으로는 이상과 비전이 실현되지 않았다. 목표를 제시하는 것만으로는 그것을 달성시킬 수가 없었다. 이상과 비전을 실현하기 위한 전략과 전술을 생각하고 실행하지 않으면 달라지는 것이 없었다. 그래서 선배가 어떻게 하는지 지켜보았다.

선배는 지극히 당연한 듯이 전략과 전술을 그려서 실행을 도와주었다. 또 과거의 원인을 분석하는 데는 거의 시간을 소모하지 않았다. 이것은 나에게 새로운 발견이었다. "왜 실패했나?" 하고 추궁하지 않고 "어떻게 하면 잘될까?" 하고 아랫사람을 지도했다.

과거에 나는 상사에게 이렇게 배웠다. "문제가 발생하면 먼저 원인을 분석해라. 그때 '왜 그럴까'를 세 번 반복할 것. 그렇게 하면 근본적인 원인을 알 수 있다. 원인 분석을 하지 않고 해결책을 생각하면 어림짐작하게 되어 목표에 빗나가는 해결책이 나온다." 그리고 나는 이 가르침을 지켜 왔다.

아랫사람을 지도할 때는 왜 실패했는지를 반복해서 추궁한다. 그렇게 해서 근본 원인을 밝혀내고 해결책을 강구한다. 이 순서를 지켜 왔는데, 이런 방법은 올바른 해결책 발견에는 도움이 되었지만 팀의 사기가 떨어지는 결과가 나타났다. '왜 실패했나? 어디에 문제점이 있나?'를 반복하다 보면 어느새 '범인 찾기'처럼 누군가를 몰아대는 분위기가 되어 아무도 의견을 말하지 않았다.

반면에 선배의 팀은 모두들 아이디어를 내는 적극적인 분위기였다. 선배에게 물어보니 자신은 '솔루션 포커스', 즉 과제 해결에 초점을 맞추는 방법으로 문제를 해결한다고 했다.

원인 분석을 중시하는 내 방법은 정답을 찾아내는, 물리적으로는 옳은 수법이지만 심리적으로는 잘못된 것이었다. 나는 원인 분석에 걸리는 시간을 가능한 한 줄이고 해결책을 찾는 시간을 오래 가짐으로써 양자를 만족할 수 있을지 고민해 보았다. 원인 분석은 아랫사람 없이 상사나 선배끼리 해도 된다. 그리고 문제 해결에 초점을 맞추는 것이다. 이렇게 하면 질책이나 공박을 하지 않고 적당한 거리감의 커뮤니케이션을 실현할 수 있다.

6
화는 일차 감정으로 변환해 전달한다

(×) "왜 당신은 늘 그런 식이야? 적당히 좀 해!"

(○) "당신 말을 듣고 실망했어. 서운했어."

화는 슬픔, 낙담, 염려의 이차 감정

심리학에서는 화를 '이차 감정'이라고 본다. 즉 화 이전에 슬픔, 외로움, 염려, 낙담 등의 '일차 감정'이 있다. 예를 들어 같은 팀의 일원이 약속한 일을 기한까지 끝내지 못하고 보고도 안 한 경우를 생각해 보자. 많은 사람이 화를 내며 다그칠 것이다.

"어제까지 끝내라고 하지 않았나? 왜 정한 것을 지키지 않지? 게다가 보고도 안 하고. 있을 수 있는 일이야!"

이런 경우에 어떻게 해야 다그치거나 강요하지 않고 제대로 전달할 수 있을까? 앞에서 화는 이차 감정이라고 했는데 그것을 일차 감정으로 변환해 전달하면 되지 않을까? 이때 일차 감정은 약속을 지키지 않은 것에 대한 낙담, 약속을 중시하지 않았다는 서운함이다. 그렇다면 이차 감정인 화가 아니라 낙담과 서운함으로 바꿔서 전달하면 된다. 이렇게 하면 다그침이나 강요의 강도가 약해져서 상대가 쉽게 이해하게 된다.

"약속한 대로 실행되지 않아 실망했어. 보고가 없었던 것도 서운하고."

이처럼 전달법만 바꿔도 다그침이나 강요의 느낌이 약해져서 상대가 부담 없이 받아들일 수 있다. 만약 화가 난다면 일차 감정이 무엇인지 자문자답해 머릿속에서 변환한 다음 전달해 보자. 적당한 거리감으로 커뮤니케이션을 할 수 있을 것이다.

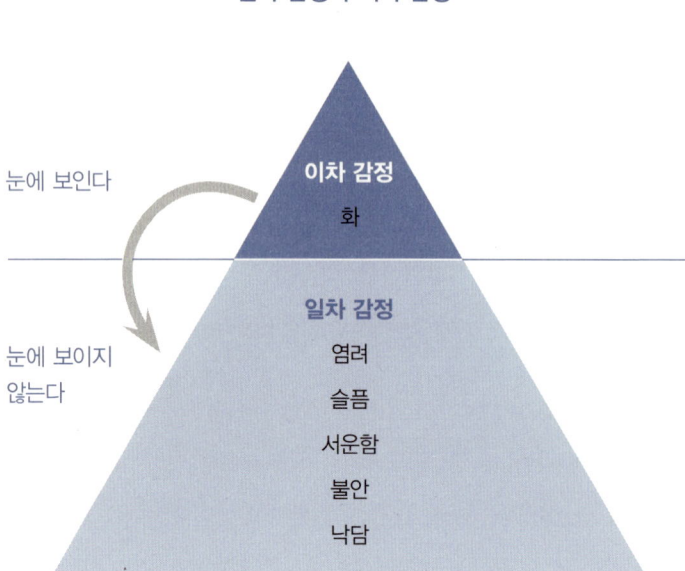

일차 감정과 이차 감정

화는 상대를 지배하는 것이 목적이다

1장에서 말했듯이 아들러 심리학에서는 사람이 감정에 자극을 받는다는 '원인론'을 부정한다. 우리는 화라는 감정에 자극을 받는 것이 아니라, 다른 사람을 움직이겠다는 목적 달성을 위해 화라는 감정을 무의식중에 만들어 이용한다고 보는 것이다. 아들러 심리학에서는 이것을 '목적론'이라고 한다. 또한 감정이 사용되는 것이라는 점에서 '사용 심리학'이라고도 한다.

앞의 예를 살펴보면 화가 '원인'이 되어 '자극을 받았다'고 생각하는 것이 아니라, 다른 사람을 움직이겠다는 '목적'을 갖고 화를 만들어 내어 '사용'한 것이다. 그러나 화로써 다른 사람을 조작하는 것은 일시적이다. 만일 당신이 화내는 것이 무서워서 상대가 서둘러 일을 마무리한다면 아마 당신의 눈이 미치지 않는 곳에서는 꾸물거리며 일을 대충 할 것이다. 혹은 당신이 화내지 않으면 일을 하지 않을 수도 있다. 이래서는 본질적인 문제 해결이 될 수 없다.

아들러 심리학에서는 당근과 채찍의 상벌 교육을 부정한다. 당근과 채찍은 다른 사람을 내 생각대로 조종하려는 방편으로, 조종당하는 사람과 의존하는 사람을 만들어 낸다고 보기 때문이다.

따라서 화라는 이차 감정은 그대로 전달하면 안 된다. 화를 일차 감정으로 변환해 전달하는 것이 '말의 공유'인 커뮤니케이션에 효과적이다.

나쁜 점에 주목하면 나쁜 행동이 늘어난다

화는 다른 사람을 움직여 자기 생각대로 조종하기 위한 것이므로 이래서는 말의 공유가 이뤄지지 않는다. 그럼 어떻게 해야 상대가 이해하고 바뀌게 될까?

아들러 심리학에서는 '주목한 행동'이 늘어난다고 생각한다. 즉 나쁜 점에 주목하면 나쁜 행동이 늘어나고, 좋은 점에 주목하면 좋은 행동이 늘어난다는 것이다. 그런 의미에서는 나쁜 점이라는 부정적인 주목이 아니라 할 수 있다는 긍정적인 주목이 바람직하다. 이는 문제 해결에 도움이 된다.

앞의 예를 다시 살펴보면, 화로써 다른 사람을 억지로 움직이려 하는 대신 그가 조금이라도 잘한 행동을 찾아서 그것을 인정하고 전달한다.

"약속한 대로 실행되지 않아 실망했어. 보고가 없었던 것도 서운하고."

(부정적인 주목을 일차 감정으로 변환해 전달)

"마감일을 하루 넘겼지만 열심히 최선을 다했다. 고마워. 덕분에 살았어."

(긍정적인 주목)

이차 감정을 그대로 전달하기보다 일차 감정으로 변환해 말하면 상대에게 쉽게 전달된다. 그러나 부정적인 주목임에는 변함이 없으며 할 수 있다면 긍정적인 주목이 효과적이다. 이는 강요하지 않고 전달하는 데 효과적으로 활용할 수 있는 기술이다.

Chapter 4

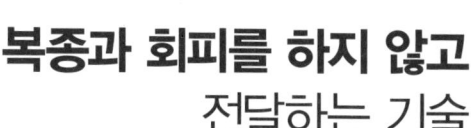

복종과 회피를 하지 않고
전달하는 기술

2장에서 살펴본 대로 아들러 심리학에서 과제 분리는 인간관계의 기본이므로 먼저 누구의 과제인지 자문한다. '공부를 할지 말지'라는 과제의 경우, 그 책임을 지는 것이 자녀임을 알았다면 자녀의 과제에 대해 부모가 강요하거나 간섭하지 말아야 한다.

또한 다른 사람에게 강요를 받으면 분명하게 'No'라고 말한다. 내가 다른 사람의 과제에 대해 강요하지 않는 동시에 다른 사람도 내 과제에 대해 간섭하거나 강요해선 안 된다. 내가 해결해야 할 과제인데 다른 사람이 간섭하고 강요해서 마지못해 복종을 선택하는 경우 그 미래는 비참할 수밖에 없다. 예를 들어 내 업무인데 상사나 동료가 이래라 저래라 참견해서 마지못해 받아들였다고 하자. 그 결과 일이 잘되었더라도 보람을 느낄 수 없다. 반대로 일이 실패하면 '이런 게 아니었다', '상사 때문이다, 내 잘못이 아니다'라고 생각하게 된다.

같은 실패라도 자신의 과제로 인식하고 스스로 일을 해낸 경우라면 주위 탓으로 돌릴 수 없다. 자신과 마주한 결과인 실패에서는 무언가를 배우게 될 것이다. 그러나 타인의 개입에 복종한 결과로 나타난 실패라면 깨달음을 얻을 수 없다.

직장은 이익 사회이기 때문에 자신의 과제에 대한 상사의 개입이나 지시를 따를 수밖에 없는 상황도 발생할 것이다. 이때 그 직장에서 계속 일하기로 마음먹었다면 자신이 바라지 않는 상황 또한 받아들여야 한다. 하지만 그 외의 상황에서는 되도록 과제를 분리해 복종을 선택하지 말아야 한다.

가능한 한 자신의 과제에 대해 강요받지 않도록 하자. 만일 강요한다면 분명하게 'No'라 말하고 자신의 책임으로 해 나가는 비율을 늘려야 한다.

과제 분리를 이해하고 이 장에서 배울 구체적인 행동 기술을 실천해 보자. 사고방식과 행동, 양쪽에서 접근해 복종하지 않고 명확히 'No'라고 말할 수 있게 될 것이다.

용기가 없으면 회피한다

아들러 심리학에서는 용기를 어려움을 극복하는 활력이라고 정의한다. 그래서 용기가 있으면 많은 것에 도전하고 건설적인 노력을 하지만, 반대로 용기가 없으면 대인관계에서 실패하지 않기 위해 복종과 회피를 한다고 생각한다.

만일 회피하는 대상이 극히 소수인 경우, 가령 마음이 맞지 않는 사람이나 자신을 공격하는 사람에 한해서라면 딱히 문제가 없겠지만 불특정 다수를 회피한다면 이는 비건설적인 행동이라고 할 수 있다. 그것은 적당한 거리감의 커뮤니케이션이 아니다.

따라서 자신이 불특정 다수에 대해 회피적인 커뮤니케이션을 하고 있다면 먼저 스스로 용기를 북돋아 주어야 한다. 사고방식을 바꾸는 것이다. 결점을 비롯해 있는 그대로의 나 자신을 인정하는 자기 수용과 다른 사람이 나를 도와준다는 타자 신뢰, 공동체에 대한 소속감을 높이는 쪽으로 사고방식을 바꾼다. 이와 더불어 주위에 공헌해 감사를 받는 것도 효과적이다.

사고방식의 전환과 함께 이 장에서 배울, 회피하지 않고 전달하는 기술을 습득해 행동도 개선한다. 다른 사람에게 제대로 말하지 못해 회피했던 경우가 있을 텐데 그럴 때는 이 장에서 배운 기술을 사용해 보자.

강요와 회피의 양극단

예전에 나는 다른 사람과 대화할 때 강요나 간섭이라는, 거리감이 없는 커뮤니케이션을 많이 했다. 그러나 아들러 심리학과 커뮤니케이션 기술을 배우면서 그것이 잘못된 소통법이란 것을 알게 되었다. 그래서 그와 반대되는 소통 방법을 취했다. 배의 키를 정반대로 돌림으로써 거리가 먼 커뮤니케이션인 복종과 회피를 선택했던 것이다. 하지만 이 또한 명백한 실수였다.

이 책을 읽는 독자는 나와 같은 실수를 하지 않길 바란다. 그러려면 1장의 사고방식과 함께 이 장에서 소개하는 행동 기술도 습득해야 한다.

나의 경우는 어떻게 적당한 거리감을 갖고 전달해야 하는지 구체적인 기술을 몰랐기 때문에 포기해 버리는, 즉 복종과 회피라는 방법을 선택했다. 만약 내가 당시에 적당한 거리감의 커뮤니케이션을 알았다면 그렇게 하지 않았을 것이다.

  이 장에서는 복종과 회피가 아닌 적당한 거리감의 커뮤니케이션 방법을 알아볼 텐데, 이는 3장에서 배운 강요와 간섭을 하지 않는 기술과도 중복되는 부분이 있다. 따라서 상황에 맞게 전달하는 방법에 초점을 맞춰 좀 더 이해하기 쉽게 설명했다. 이제 복종과 회피를 하지 않고 적당한 거리감으로 다른 사람과 의사소통을 하는 기술을 알아보자.

1
Thank you, But, No thank you

(×) "(거절하기 어려워) 알겠습니다. (사실은 가고 싶지 않은데) 가겠습니다."

(○) "챙겨 주셔서 감사합니다. 그런데 가족이 기다려서 오늘은 퇴근하겠습니다."

거절 방법을 모르기 때문에 거절하지 못한다

내키지 않는 술자리를 권유받았을 때 거절하고 싶지만 미안하다는 생각에 어쩔 수 없이 가겠다고 말한 적이 있지 않은가? 이는 제대로 거절하는 방법을 모르기 때문에 벌어지는 상황이다. 그럴 때 쉽게 거절하는 방법이 바로 'Thank you, But, No thank you'다. 그냥 'No'라고 말하면 무뚝뚝하게 비칠 뿐 아니라 대립한다는 인상을 줄 수 있으니 'No' 앞뒤에 'Thank you'를 붙이는 것이다.

"챙겨 주셔서 감사합니다. 그런데 가족이 기다려서 오늘은 퇴근하겠습니다. 고맙습니다."

이처럼 거절하는 말 앞뒤에 고맙다는 말을 더하면 대립 구도가 완화된다. 그리고 이런 말은 미안한 어투가 아니라 밝고 가벼운 어투로 말해야 혐오감 없이 전달된다. 물론 거절하는 이유에 거짓말을 보탤 필요는 없다. '가족과 시간을 보내고 싶다'로 충분하다. 미안한 듯이 말하기 때문에 복잡해지는 것이다. 내가 가족과의 시간을 우선해 술자리를 거절하는 것은 결코 잘못이 아니니 당당하게 말하자.

'그래도 이 말을 들은 사람은 불쾌하지 않을까?' 하고 생각할 수도 있는데, 이것은 과제 분리가 이뤄지지 않았다는 증거다. 술자리에 갈지, 가족과 시간을 보낼지는 내 과제다. 그리고 그 결론을 듣고 불쾌하게 느낄지 어떨지는 술자리를 권한 사람의 과제다. 다시 말해 내가 생각해야 할 과제가 아닌 것이다.

상대의 과제를 떠안지 말고 가볍고 당당하게 밝히자. 'Thank you, But, No thank you'로 당신도 내일부터 'No'라고 말할 수 있다.

강요와 복종을 피한다

'No'라고 할 때는 시비조로 말하면 안 된다. 상대의 강요를 강요로 받는 '눈에는 눈, 이에는 이'라는 방식으로는 좋은 커뮤니케이션을 기대할 수 없다.

예를 들어 내가 도저히 감당할 수 없을 만큼 힘든 일을 떠안고 있을 때 동료가 이 일도 내일까지 해야 한다며 아무 배려 없이 일을 던져 줬다고 하자. 이럴 때는 아마 '이쪽 상황도 모르면서 내일까지라니 말이 되냐. 본인 생각만 하지 말고 이쪽 상황도 봐 가면서 말해!' 하면서 불쾌해할 것이다. 하지만 이 마음의 소리를 그대로 폭발시키면 강요를 강요로 받는 것이 되니 예전의 나처럼 꾹 참고 잘못된 결단을 내리게 된다. 포기하고 복종하는 것이다. 적당한 거리감의 커뮤니케이션을 해야 하는데, 거리가 가까운 강요를 버리고 아예 거리가 먼 복종을 선택해 버린다.

이런 경우에는 'Thank you, But, No thank you'를 사용해 정확하게 말하자.

"나를 믿어 주는 것은 고마워. 하지만 지금은 급한 일을 처리하느라 바빠. 이쪽 형편만 말해서 미안해."

시비조로 받을 필요도 없고 포기한 채 복종하지 않아도 된다.

▲ 책임지는 것이 중요하다

'No'라고 말하는 것은 적당한 거리감의 커뮤니케이션으로 이어지는 첫걸음이라고 할 수 있다. 한편 이 새로운 첫걸음으로 인해 예상치 못한 세계를 만날 수도 있다는 것을 알아야 한다. 예를 들면 술자리를 권유받았을 때 'No'라고 말한 것 때문에 어쩌면 다시는 그런 권유를 받지 못할 수도 있다. 게다가 동료들과 어울리지 못하는 경우도 생길 수 있다. 하지만 그렇게 된다고 해도 그 결과를 받아들이고 후회하지 않아야 한다. 내 스스로 결정한 일이니 결과를 받아들인다는 각오를 해야 한다.

아들러 심리학에서는 이것을 '자기 결정성'이라고 한다. '가고 싶지 않은데 억지로 갔다', '거절할 수 없었다'가 아니라 '내 의사에 따라 거절하기로 했다'와 같이 의지를 갖고 결정한다. 술자리에 참석하지 않았다고 해서 퇴사를 당하거나 감옥에 가지는 않는다. 'Yes'와 'No'의 장단점을 비교 검토해 스스로 결정한다. 아들러 심리학의 자기 결정성을 알면 어렵지 않게 실행할 수 있다.

'Yes'라고 말하는 경우도 마찬가지다. 열 번 술자리를 권했는데 열 번 모두 거절하기가 어려워 그 가운데 한두 번은 'Yes'라고 말하는 경우도 있을 것이다. 이때도 자기 스스로 결정할 것. 자기 결정성을 이해하고 후회하지 않아야 한다.

다른 사람 때문에 'Yes'라고 말하는 것이 아니라 어느 쪽을 취해도 되는 상황에서 자기 의사에 따라 결정한다. 이때 스스로 책임지는 것이 중요하다. 그렇게 하면 어떤 선택을 하건 좋은 선택이 될 것이다.

2
세련되게 'No'라고 말한다

(×) "무리입니다. 할 수 없어요."

(○) "도움이 못 되어 미안한데 이번에는 요구를 못 들어줄 것 같아요."

완곡한 문장으로 변환한다

'No'라고 말할 때 직접적으로 전하면 사이가 껄끄러워지므로 3장에서 배운 쿠션 화법을 사용한다. 사이가 껄끄러워지는 직접적인 표현의 예는 다음과 같다.

"할 수 없어요."

"안 하겠습니다."

"그만할래요."

"거절하겠습니다."

쿠션 화법의 첫 단계는 완곡하게 변환하는 것이다. 위의 직접적인 표현은 다음과 같이 변환할 수 있다.

"할 수 없어요."

→ "요구를 못 들어줄 것 같아요." "부득이한 사정 때문에……."

"안 하겠습니다." "그만할래요."

→ "사양하겠습니다." "이번은 사퇴하겠습니다."

"거절하겠습니다."

→ "이번은 양해해 주세요." "이번은 봐주세요."

그다음에 한마디 더하기를 한다.

"공교롭게도……"

"모처럼의 기회인데……"

"안타깝지만……"

"도움이 못 되어 죄송한데……"

"힘이 부족해서 미안합니다만……"

"감사한 말씀인데……"

그리고 완곡한 표현과 한마디 더하기를 연결해서 완성형을 만든다.

(×) "무리입니다. 할 수 없어요."

(○) "도움이 못 되어 미안한데 이번에는 요구를 못 들어줄 것 같아요."

좀 더 세련된 어투라고 느껴지지 않는가? 이처럼 쿠션 화법은 적당한 거리감을 만들어 주어 'No'라고 말할 때도 효과적으로 활

용할 수 있다.

▸ 쿠션 화법으로 반론한다 ◂

쿠션 화법은 'No'라고 말할 때는 물론이고 반론을 할 때도 효과적이다. 일반적으로 고객에게 반론하기는 쉽지 않다. 자칫 고객을 화나게 만들어 클레임으로 발전하면 골치 아프기 때문이다. 그래서 많은 경우 다음과 같은 반론을 꾹 참고 복종한다.

"그것은 잘못되었다고 생각합니다."

"나는 반대입니다."

"나는 ······하는 편이 낫다고 생각합니다."

이런 직접적인 어투는 상대와 나 사이에 벽을 만들기 때문에 정반대인 복종으로 방향을 바꾸게 된다. 이럴 때 필요한 것이 바로 적당한 거리감이다.

지금까지 배운 대로 완곡하게 변환한 다음 한마디 더하기로 상대가 받아들이기 쉽게 전달한다. 먼저 완곡하게 변환한다.

"그것은 잘못되었다고 생각합니다." "나는 반대입니다."
➜ "동의하기 어렵습니다." "받아들이기 어렵습니다."

"나는 ……하는 편이 낫다고 생각합니다."
➜ "……라는 방법(생각)도 있는데 그건 어때요?"

여기에 한마디 더하기를 하는데 다음과 같은 말을 더하는 것이 좋다.

"제가 말하자면……."

"하신 말씀은 알겠는데……."

"물론 말씀하신 대로입니다만……."

그리고 완곡한 표현과 한마디 더하기를 연결한다.

(×) "그건 잘못되었습니다."

(○) "하신 말씀은 알겠는데 ……라는 방법도 있습니다. 그건 어때요?"

이처럼 쿠션 화법은 'No'라고 말할 때뿐 아니라 반론을 전달할 때도 사용할 수 있다.

전제에 공감을 더하면 쉽게 전해진다

지금까지 다양한 상황에서 쿠션 화법을 사용해 효과적으로 전달하는 방법을 알아보았다. 그러나 쿠션 화법을 단순한 기술로 사용하면 다른 사람에게 제대로 전달되지 않는다.

다음 문장을 비교해 보자.

A : "그 말은 받아들일 수 없습니다. 우리 쪽 방안에 대해 어떻게 생각하십니까?"

B : "그쪽 생각도 매우 좋습니다. 버리기 어렵네요. 그런데 우리 쪽 방안이 본래의 목적에 좀 더 가깝지 않을까요?"

A와 B의 차이는 공감의 깊이다. A의 경우 상대의 방안에 대한 공감이 전혀 없지만 B의 경우에는 공감이 나타나 있다. 상대와 다

른 내 의견을 말하기 전에 상호 존경과 상호 신뢰에서 배운 공감 기술을 적절히 사용하고 있다.

  강요와 간섭을 하지 않는다, 복종과 회피를 하지 않는다는 모두 상호 존경과 상호 신뢰의 토대 위에서 성립된다. 기술만 앞세우다 가는 정작 중요한 전제를 소홀히 할 수 있으니 주의하기 바란다.

3
DESC 방법으로 'No'라고 말한다

(×) "무리입니다. 할 수 없어요."

(○) "나는 사흘 후 납기인 A 사의 일을 하고 있어서 여유가 없어요. 급한 건 아는데 다른 사람에게 부탁해 볼래요? 일주일 후라면 그때는 도와줄 수 있어요."

전달법의 형식을 습득한다

　DESC는 뛰어난 의사소통 방식이다. 이 형식을 정확히 습득하면 커뮤니케이션을 할 때 그대로 구사하거나 변형해 활용하고 단순히 체크 항목으로 이용해도 된다. 3장에서 강요하지 않는 전달법으로 DESC 방법을 배웠는데 이 장에서는 그것을 'No'라고 말하는 상황에 응용해 보자. 앞의 예를 DESC 방법에 적용하면 다음과 같다.

- 객관적으로 묘사한다.
  "나는 사흘 후 납기인 A 사 일을 하고 있어서"

- 주관을 표명한다.
  "여유가 없어요."

- 상대에게 공감한다.
  "급한 건 아는데"

- 구체적으로 제안한다.

 "다른 사람에게 부탁해 볼래요?"

- 대안을 제시한다.

 "일주일 후라면 그때는 도와줄 수 있어요."

이처럼 DESC 방법을 이용하면 적당한 거리감의 커뮤니케이션이 가능하다. 참거나 복종할 필요 없이 당당하게 'No'라고 말할 수 있다.

DESC 방법이 효과적인 이유

처음 DESC 방법을 알았을 때 '객관적으로 묘사한다'와 '주관을 표명한다', 이 대립적인 두 가지가 병용되는 것이 흥미로웠다.

2400년 전 아리스토텔레스는 사람을 움직이는 세 가지 요소로 에토스(신뢰), 파토스(감정), 로고스(논리)를 주장했다. 인간이 움직이는 데는 이 세 가지가 필요한데 DESC 방법의 D와 E는 로고스와 파토스에 해당된다.

'객관적인 묘사'는 로고스인데, 주관을 섞지 않고 객관적인 논리로 설득하는 것이다. 앞의 예에서는 구체적으로 A 사라는 회사명과 사흘이라는 숫자 등의 객관적인 묘사를 통해 상대를 납득시킨다.

그러나 인간은 논리만으로는 움직이지 않는다. 인간은 감정의 동물이기 때문에 감정에 호소해야 한다. DESC 방법에서는 '주관 표명'을 사용한다. 바쁘다고 하는 데에서 그치지 않고 여유가 없다는 기분을 전함으로써 상대의 감정에 호소하는 것이다.

또한 2장에서 배운 공감 기술도 포함되어 있고, '대안 제시'는 상대의 사정을 배려한, 상대의 눈높이에 맞는 제안으로서 공감을 부르는 커뮤니케이션이 된다.

이처럼 DESC 방법에는 아리스토텔레스의 '인간을 움직이는 세 가지 요소'와 '공감' 기술이 들어 있어 효과적임을 알 수 있다. 따라서 커뮤니케이션의 기본 형식으로 습득해야 하는 것이다.

회피하지 않고 부탁할 때

다른 사람과 거리를 두는 커뮤니케이션인 회피는 아들러 심리학에서 말하는 용기가 없을 때 빠지기 쉬운 비건설적인 행위다. 회피는 대인관계에 대한 불안한 심리에서 비롯되는데, '어차피 안 될 거야', '창피를 당하느니 말하지 않는 편이 낫다'고 생각해 사람들과의 교류를 피하는 것이다.

이런 회피에 빠지지 않기 위해서는 사고방식을 바꾸는 것만으로는 부족하다. 행동 기술을 습득해 내가 먼저 적당한 거리감을 두는 커뮤니케이션을 할 수 있어야 한다. 가령 동료에게 일을 의뢰해야 하는 상황일 때, 용기가 없어서 회피적인 사람은 '부탁하고 싶은데 미안하니까 그냥 혼자 하자' 하고 일을 떠안는다. 이때야말로 DESC 방법을 사용해야 한다. '부탁하고 싶은데 할 수 없다'에서 벗어나야 한다.

- 객관적으로 묘사한다.
  "우리 팀의 중요 고객에게 일주일 내로 자료를 제출하라는 의뢰를 받았어요."

- 주관을 표명한다.

  "나는 어떻게든 좋은 자료를 만들어 팀에 공헌하고 싶어요."

- 상대에게 공감한다.

  "그쪽도 맡은 일로 바쁘겠지만"

- 구체적으로 제안한다.

  "데이터 집계 부분을 하루만 도와줄래요?"

- 대안을 제시한다.

  "하루가 무리라면 반나절도 좋아요. 도와줄 수 있어요?"

이와 같이 DESC 방법을 사용하면 동료에게 일을 의뢰할 때 훨씬 쉽게 전달할 수 있다. 회피라는 비건설적인 커뮤니케이션도 줄어들 것이다.

4
'나'나 '우리'를
주어로 한다

(×) "이 일을 해 주세요."

(○) "이 일을 해 주면 모두에게 도움이 될 거예요."

주어를 '나'로 하여 복종과 회피를 피한다

동료에게 어려운 일을 부탁할 때 DESC 방법 이상으로 효과적인 것이 있다. 3장에서 배웠던 것으로, '나'를 주어로 하는 I 메시지가 바로 그것이다.

"이 일을 해 주세요."와 같이 주어를 You로 하는 메시지는 위에서 내려다보는 시선이므로 강요의 느낌을 준다. 그런데 이것이 싫어서 일을 부탁하지 못하고 결국 혼자 전부 떠안는 회피형이 많다.

이런 경우에는 주어를 '나'로 해서 부탁해 보자.

"이 일을 해 주세요."

(You 메시지)

"이 일을 해 주면 내게 큰 도움이 될 것 같아요."

(I 메시지)

"이 일을 해 주면 내가 매우 기쁠 거예요."

(I 메시지)

또한 반대로 일을 부탁받았을 때 복종하지 않고 'No'라고 말해야 하는 상황에서도 '나'를 주어로 한다.

"내게 일을 떠맡기지 말아요. 나보다 한가한 사람이 많잖아요."
(You 메시지)
"나는 그 일이 딱히 내키지 않아요. 나 말고 적임자가 있을 거예요."
(I 메시지)

I 메시지의 장점은 쉽게 사용할 수 있다는 것이다. 주어를 '나'로 하는 간단한 기술로 DESC 방법에 가까운 효과를 얻을 수 있다. 복종과 회피라는 커뮤니케이션을 피하기 위해서도 I 메시지를 활용해 보자.

'우리'를 주어로 할 때의 효용과 주의점

I 메시지는 복종하지 않아도 되는 편리한 방법이다. 이때 주어의 범위를 넓혀 '우리'를 문장에 넣는 방법을 사용할 수도 있다.

"이 일을 해 주면 내게 큰 도움이 될 것 같아요."

(I 메시지)

"이 일을 해 주면 우리 팀에 큰 도움이 돼요."

(We 메시지)

"이 일을 해 주면 과장님이 큰 짐을 덜게 된다고 했어요."

(We 메시지)

우리는 누구나 다른 사람에게 도움을 주고 싶은 마음이 있다. 그리고 그 대상이 여러 명 혹은 조직 전체로 확대된다면 보다 큰 기쁨을 느낄 수 있다.

단, 주의해야 할 점이 있다. '우리'를 주어로 하는 경우 조직 전체의 동의처럼 전달하기 때문에 자칫 집단 압력이 될 수 있다. '우리 팀에 도움이 된다'는 진의가 전해지지 않고 '모두 나한테 하라고 압력을 가한다'고 받아들일 위험성이 있다. 이 점을 유의하면서 메시지를 강하게 사용하지 않으면 상대의 공헌하려는 마음과 자기 중요감에 긍정적으로 작용해 기분 좋게 움직여 줄 것이며, 결과적으로 혼자 일을 떠안지 않게 된다.

윈윈으로 효과를 높인다

'나'나 '우리'를 주어로 하는 메시지는 다른 사람에게 감사와 기쁨 등의 긍정적인 감정을 전달하기 때문에 그 사람은 '자신이 도움을 주었다'는 자기 중요감을 높일 수 있다. 그러나 한편으로 '나'나 '우리'만 전면에 내세우면 도리어 부정적으로 받아들일 위험이 있다. 그러므로 '나'나 '우리'를 주어로 하는 메시지를 전달하기 전에 상대와의 사이에 윈윈(상대와 나 모두에게 이익인 상태)을 만들고 그것을 섞어서 말하면 효과적이다. 앞의 예에 이를 적용해 보자.

"이 일을 해 주면 내게 큰 도움이 될 것 같아요."
(윈윈이 없는 상태)
"이 일을 해 주면 나도 여유가 생겨서 당신이 부탁한 일을 마무리할 수 있어요."
(윈윈이 있는 상태)
"이 일을 해 주면 당신에게 좋은 경험이 될 거예요. 나도 이 일을 통해 업무 기술을 익혔거든요. 물론 내게도 큰 도움이 되고요."
(윈윈이 있는 상태)

이처럼 윈윈을 찾아 알려 주면 내 형편만 내세우는 것이 아님을 전할 수 있다. 직장 일이란 나만을 위한 것이 아니라 팀 전체가 고객을 위해 하는 것이다. 그러나 지나치게 윈윈에 얽매이다 보면 본래의 목적을 잃게 된다. 따라서 균형을 고려해 전체를 보면서 메시지를 전달하는 것이 중요하다.

5
감정적이 되지 않으면서 감정을 전달한다

(×) "왜 멋대로 진행하는 거야! 보고하라고 했잖아!"

(○) "보고받지 못해서 난처했어. 다음부터는 보고해 주겠어?"

감정적이 되어서는 안 된다

아들러 심리학에서는 감정을 자기 자신 또는 다른 사람을 움직이기 위해 만들어지는 것이라고 본다. 예를 들어 갑자기 화가 치솟아 소리를 지른 것이 아니라 상대를 내 생각대로 움직이기 위해 화라는 감정을 무의식중에 만들어 낸다는 것이다. 즉 상대를 움직이기 위해 감정을 만들어 내고 이용한다는 것이다. 아들러 심리학에서는 이를 '사용 심리학'이라고 한다.

그렇다면 감정은 강요를 지원하는 역할을 한다고 할 수 있다. 사실은 우리도 그것을 알고 있다. 그래서 직장 커뮤니케이션에서는 감정을 억누르게 된다. 강요로 다른 사람을 움직이는 데 죄의식을 느끼기 때문에, 직장에서 감정을 드러내는 것이 좋지 않다고 생각해 최대한 감정을 억누른다. 이처럼 감정 표출을 회피하는 사람이 많다.

그러나 회피한다고 해서 억누른 감정이 사라지는 것은 아니다. 차곡차곡 쌓여 결국 어느 순간에 크게 폭발해 버리기 때문에 감정은 드러내는 것이 좋다. 단, 감정적으로 화를 내고 소리치고 노려보는 것은 비건설적인 행동이다. 침착하고 냉정하면서 조용하게 감정을 표출해야 한다.

여러 번 말했듯이 커뮤니케이션은 말의 공유다. 기쁘다, 감동했다, 슬프다, 서운하다, 초조하다, 이런 감정을 냉정하게 공유할 수 있으면 보다 깊이 서로를 이해할 수 있고 직장 커뮤니케이션에 도움이 된다. 그런데 어떻게 해야 감정적이 되지 않고 냉정하게 감정을 공유할 수 있을까?

냉정하게 감정을 전달하는 방법

감정적이 되지 않으면서 감정을 전달해야 할 때 지금까지 배운 기술이 도움이 된다. '당신'을 주어로 하는 You 메시지는 감정적이 되기 쉽지만 '나'를 주어로 하는 I 메시지로 바꾸면 냉정하게 감정을 전달할 수 있다.

(×) "왜 멋대로 진행하는 거야! 보고하라고 했잖아!"

1. '나'를 주어로 하는 I 메시지

    "약속했던 보고를 받지 못해서 내가 무척 난감했어. 다음부터는 제대로 보고해 주겠어?"

2. DESC 방법

    "A 사의 일이 사전 보고 없이 진행되어서"

    (객관적으로 묘사한다)

    "내가 무척 난감했어."

    (주관을 표명한다)

    "바빠서 깜빡했을지 모르지만"

    (상대에게 공감한다)

    "다음부터는 미리 보고하고 계약을 진행해 줘."

    (구체적으로 제안한다)

    "내가 자리에 없을 때는 이메일이든 전화든 꼭 연락해 줘."

    (대안을 제시한다)

3. 5단계 피드백

    1단계(사실) : "A 사의 일이 사전 보고 없이 진행되었다."

2단계(주관) : "내가 무척 난감했다."

4. 당장의 문제가 아닌 미래의 비전 제시
"A 사 일 말인데, 미리 보고받았다면 난감하지 않았을 거야. 사전에 준비해서 지원할 수 있었다면 고객도 좋아했을 거야."

이런 기술을 사용하면 지금까지 복종과 회피로 억눌렀던 감정을 전달할 수 있다. 이때 '완곡한 표현'과 '한마디 더하기' 같은 쿠션 화법을 활용하면 적당한 거리감을 유지하는 커뮤니케이션이 될 것이다. 감정적이 되지 않으면서 감정을 전달하고 싶을 때는 지금까지 배운 기술을 활용해 보자.

화는 일차 감정으로 변환해 전달한다

앞의 기술들을 이용할 때 감정 표현이 화가 아니라 낙담과 난처함으로 변환되었다는 것을 알아챘을 것이다. 이는 3장에서 배운, 화라는 이차 감정을 일차 감정으로 변환해 전달하는 기술(148쪽 그

림 참조)로서 주어를 '나'로 하는 I 메시지, DESC 방법, 5단계 피드백, 미래 비전을 제시하는 방법 등과 병용하면 더욱 효과적이다. 이처럼 지금까지 소개한 기술들은 서로 조합해 활용할 수 있으니 자신만의 조합법을 찾아내어 적극적으로 사용해 보자.

6
일부러 받아넘긴다

(×) "미안해요. 내가 틀렸어요. 정정합니다."

(○) "아, 그런 생각도 있군요." (흘려버리고 채택하지 않는다)

받아넘기는 방법도 있다

리크루트 회사에서 11년 반 동안 일하면서 나는 문제로부터 도망치지 말고 정면으로 마주하라고 배웠다. 보고도 못 본 척하지 않는다. 과제가 있으면 스스로 손을 들어 착수하고 완수한다. 이것이 사풍이자 일을 대하는 가치관이었다.

그러나 그 회사를 그만두고 벤처 기업 몇 군데를 거친 뒤 컨설턴트로서 여러 기업을 상대하면서 그런 가치관이 크게 바뀌었다. 무조건 정면으로 마주해야 좋은 것만은 아니다. 때로는 일부러 마주하지 않는 자세도 필요하다.

혈기 왕성하던 30대의 컨설턴트 시절에 한 고객의 의뢰로 조직 진단을 했는데, 그 결과 조직에서 부장과 과장의 활동이 상당히 위축되어 있다는 것을 알았다. 말하기 어려운 일이었지만 해야 한다고 결심하고 사장에게 솔직히 이야기했다.

"사장님, 간부 A 씨의 커뮤니케이션에 문제가 있습니다. 그에게 말하는 것이 좋을까요?"

그러자 사장은 빙그레 웃으며 이렇게 말했다.

"그래요? 그렇군요."

당연히 해결책을 요구할 것이라고 생각했던 나는 사장의 태도에 김이 빠졌다. 이 사장은 아무 생각이 없는 게 아닐까? 아니면 의욕 상실인가? 그렇게 의심했다. 그런데 그의 눈에서 확신 같은 것을 읽을 수 있었다. 사장은 둔감하지 않았다. 잘 알고 있었다. 그래서 과제를 가볍게 받아넘기는 것이라고 느껴졌다.

문제를 정면으로 마주해 해결하는 것은 물론 훌륭한 행동이다. 하지만 경우에 따라서는 일부러 흘려버리고 시간에 맡기는 것도 한 방법이다. 버드나무가 바람에 나부끼듯 거스르지 않고 흘려버리는 '어른'의 커뮤니케이션도 효과적이라는 것을 그 사장에게서 배웠다.

상대의 비판과 횡포를 가볍게 받아넘긴다

경영자 수준이 되어야만 문제를 가볍게 흘려버릴 수 있는 것은 아니다. 이는 회사의 관리직, 중견 사원도 충분히 구사할 수 있는 기술이다. 예를 들어 동료에게 불합리한 비판을 받거나 감정을 억눌러야 하는 상황을 생각해 보자.

"왜 우리 부서만 이런 일을 떠맡아야 해! 도저히 못하겠어!"

만일 정면으로 맞선다면 그 의견에 반대해 밀어붙이거나 복종해서 포기하거나 둘 중 하나일 것이다.

"무슨 불평이야. 일이니까 이러니저러니 하지 말고 해! 다른 사람들은 불평 없이 하잖아. 제멋대로 굴지 좀 마!"

(강요)

"미안해. 그럼 내가 할게."

(복종)

한편 받아넘기는 방법도 있다.

"그래? 그런 생각을 했군……"

(받아넘기기)

이렇게 중얼거리고 일부러 대응하지 않는 것이다. 물론 이 방법이 모든 일을 해결해 주는 것은 아니다. 받아넘겨 버린 결과 오히려 문제가 커질 수도 있다. 그러나 긍정적으로 작용하는 경우도 많다. 예를 들어 앞의 예에서처럼 상대가 감정적인 경우 정면으로 받으면 폭언으로 대꾸하게 된다. 서로 치고받는 커뮤니케이션이 되는 것이다. 그러나 가볍게 흘려버리면 상대로서는 골탕을 먹는 꼴이 되고 거기에 '틈'이 생긴다. 그럼으로써 상대가 냉정을 되찾을 수 있을 것이다.

전체 부정이 아니라 부분 부정으로 받아들인다

다른 사람에게 비판을 받았을 때 가볍게 받아넘길 수도 있어야 한다. 비판했다고 해서 '당신이 잘못했다'고 단정한 것은 아니다. 또한 행위에 대해 비판한 것이지 인격을 부정한 것은 아니다. 설령 눈앞의 상대가 인격을 부정하는 말을 했어도 세상 모든 사람이 나를 비판한 것은 아니다.

지금까지 배운 사고방식을 응용하면 가볍게 받아넘길 수 있다. 행위와 사람을 분리한다. 객관은 없고 주관뿐이다. 십인십색, 절대적인 가치관은 없다. 모든 것은 상대적이다. 다르기 때문에 가치가 있다. 다양성이 있기 때문에 가치가 있는 것이다. 이렇게 생각하면 상대의 말을 받아넘길 수 있다.

이것은 적당한 거리감을 두는 커뮤니케이션일 뿐 회피가 아니다. 상대가 날린 펀치를 스웨이백(권투에서 발은 움직이지 않고 상체만 뒤로 젖혀 상대의 펀치를 피하는 방어법)으로 받아넘긴다. 회피는 링에서 내려오는 것이고, 복종은 포기를 선언하는 것이다. 나비처럼 가볍게 화려한 스텝으로 바꾸면 된다.

이처럼 거스르지 않고 순순히 받아넘기는 어른다운 커뮤니케이션 기술을 습득하면 다양하게 응용할 수 있다.

에필로그 Epilogue

전작《아들러에게 배우는 부하 육성 심리학》의 출판을 계기로 많은 기업과 단체로부터 강연 의뢰를 받았다. 그리고 상담을 할 때도 "이런 멋진 생각을 관리직 외에 직원들에게도 알릴 수 없을까요? 중견 간부나 젊은 직원들도 아들러의 생각을 직장에서 활용했으면 좋겠어요." 하고 제안을 받았다. 이런 의견을 힌트로 쓰게 된 것이 바로 이 책이다.

나는 아들러 심리학을 만나고 나서 커뮤니케이션이 크게 바뀌고 인생이 달라졌다. 그래서 이 멋진 변화를 많은 사람이 경험하기를 바라는 마음에서 이 책을 쓰게 되었다.

이 책을 내기까지 여러 사람의 도움을 받았다. 아들러 심리학의 가르침을 받았고 지금도 스승으로서 많은 조언을 해 주시는 아들러 심리학 상담 지도자 이와이 토시노리 선생님, 미국 아들러 심리 대학원에서 석사 학위를 취득한 심리학 강사, 카운슬러이자 이 책의 감수를 맡아 준 가지노 마코토 선생님, 이 두 분이 아니었다면 책을 완성할 수 없었을 것이다. 진심으로 감사하다는 인사를 드린다.

그리고 몬트리올 아들러 심리학 대학원의 교수를 지낸 바 있고 현재 몬트리올 개인 심리학 연구소 이사장인 조지프 펠그리노 박사에게도 신세를 졌다. 이와이 선생님과의 인연으로 일본에 왔을 때 여러 번 가르침을 받았다. 그는 롤 모델로서 많은 암시를 주었다.

마지막으로 이 책의 기획·편집자로서 격려와 조언을 아끼지 않은 가와카미 준코 씨, 그리고 끝까지 책을 읽어 준 독자 여러분에게도 감사의 말을 전한다.

용기를 주는 심리학으로 알려진 아들러 심리학. 인간에게 가장 큰 용기를 주는 말은 감사다. 내 감사의 말이 전해져 여러분이 용기를 낼 수 있기를 진심으로 바란다.

아들러에게 배우는
대화의 심리학

초판 1쇄 인쇄 2016년 6월 27일
초판 1쇄 발행 2016년 7월 01일

지은이 오구라 히로시
펴낸이 오정환
옮긴이 홍성민
편　집 박민정
제　작 유수경
표지·본문디자인 신중호

펴낸 곳 도서출판 오감
출판등록 2015년 8월 28일 제2015000276호
주소 서울시 마포구 월드컵북로 4길 77, ANT빌딩 3층
문의전화 070-7558-1267
팩스 031-571-1267
전자우편 gold_wisdom1@naver.com
블로그 blog.naver.com/gold_wisdom1

ISBN 979-11-956270-2-8(03180)

- 도서출판 오감은 황금지식 출판사의 임프린트입니다.
- 책값은 뒤표지에 있습니다.
- 잘못된 책은 바꿔 드립니다.
- 이 책 내용의 전부 또는 일부를 재사용하려면 반드시 저작권자와 황금지식 출판사 양측의 동의를 받아야 합니다.
- 책으로 펴내고 싶은 아이디어나 원고를 메일(gold_wisdom1@naver.com)로 보내 주세요. 황금지식 출판사는 여러분의 귀중한 경험과 지식을 기다리고 있습니다.

이 도서의 국립중앙도서관 출판예정도서목록(CIP)은 서지정보유통지원시스템 홈페이지(http://seoji.nl.go.kr)와 국가자료공동목록시스템(http://www.nl.go.kr/kolisnet)에서 이용하실 수 있습니다.(CIP제어번호: CIP2016013353)